'EAT'는 '먹다'가 아니다

'EAT'는 '먹다'가 아니다

영어단어 + 인지과학 = 의미나무

김진수·문재승 지음

에듀니티

글을 시작하며, 하나

영어를 배울 때 가장 큰 장애물은 영어단어를 암기하는 일일 것이다. 우리말과는 문자도 다르고 소리도 다르고 거기에 의미까지 다르다 보니 단어를 암기하는 것이 여간 어려운 일이 아니다. 그래서 처음 영어를 배울 때 단어를 외우는 데 가장 많은 시간을 보낸다. 암기를 어렵게 하는 정말로 중요한 요인은 영어단어들이 대부분 여러 가지 의미를 가지는 다의어이기 때문일 것이다. 게다가 그 의미들은 얼핏 보기엔 서로 아무런 관련성이 없어 보이기까지 한다. 다의어가 가진 하나의 의미를 암기했나 싶으면 나중에 전혀 다른 것처럼 보이는 또 다른 의미가 나타나서 학습자들을 괴롭히곤 한다. 예를 들어 'address'라는 단어를 '주소'라는 뜻으로 외우고 나면 얼마 지나지 않아 '연설하다'라는 의미도 있다는 식이다. 그러다 혹시 골프를 치게 된다면 '공을 칠 자세를 취하는 것'을 'address'라고 한다는 걸 알게 될 것이다. 'address'의 새로운 의미는 속속 등장하는데 '주소'와 '연설하다'와 '골프공을 칠 자세를 취하다'는 왠지 별 관련이 없어 보인다.

그동안 우리는 이런 문제를 어떻게 해결해왔을까? 대개 자신이 외운 단어의 새로운 의미가 필요해질 때마다 사전을 검색해 그 단어가 가진 여러 의미 가운데 문맥에 어울리는 적합한 의미를 선택해서 이해했을 것이다. 즉, 'address'를 '주소'라고 외웠는데 해석이 안 되면 영한사전을 통해 다른 의미들을 하나씩 문장에 대입해보고 문맥에 맞는 뜻을 찾아내는 것이다. 이런 작업을 하다 보면 영어 공부, 특히 영어단어 공부는 끝이 없다는 생각을 하게 된다. 원어민이 아닌 다음에야 하루 종일 영어를 쓰는 것도 아닌데 외울 것이 이렇게 많아서야 영어 학습에 좌절감을 맛볼 수밖에 없다. 사람들에게 영어 공부를 중도에 포기하게 만들고 머릿속에 '영어는 어렵다'는 인식을 갖게 하는 원인이기도 할 것이다. 영어를 가르치는 이들조차 단어의 뜻이 여러 개 나오면 마치 서로 다른 단어를 외우듯이 무조건 외워야 한다는 식으로 이야기하는 경우가 많다. 영어를 모국어로 쓰지 않는 나라에 태어난 것이 무슨 죄인 양 그 많은, 서로 달라 보이는 의미들을 자꾸 머릿속에 구겨 넣으며 공부하라는 것이다.

이 문제를 해결할 방법은 없는 걸까? 영어 원어민들은 이 문제를 어떻게 해결하는 걸까? 어떻게 하나의 단어 아래 서로 달라 보이는 여러 의미들이 나오게 되는 걸까? 학창 시절부터 줄곧 이런 의문을 가지고 있었는데 바쁜 일상을 보내면서 꽤 오랫동안 잊고 있었다. 그동안 영어 학원에 다니면서 원어민들로부터 회화를 배우기도 하고, 카투사로 입대하여 미군들과 같이 생활도 하고, '야후코리아'라는 다국적 기업의 한국 지사에서 10년 가까이 회사 생활을 하면서 영어를 접하고 쓸 기회도 많았다. 그런데 이렇게 오랜 세월 동안 영어를 쓰고 또 외국인들에게 영어를 잘한다는 말을 들으면서도 영자 신문이나 잡지 등에서 다양한 글을 접할 때마다 분명히 내가 외운 단어인데 문맥에서 의미가 통하지 않는 일들을 간간이 접해야 했다. 많은 시간을 영어 공부에 할애했고 회사 업무라는 실생활에서 늘 쓰고 있는데도 단어 문제에 대해서는 여전히 자신감이 생기지 않았다.

그러다 회사를 옮기는 과정에서 시간적 여유가 생겨 어떻게 시간을 보낼까 하다가 영어단어의 의미들 간 연구를 해보면 좋겠다는 생각이 떠올랐다. 그때까지 영어의 다의적 측면에 대한 연구가 없었던 것은 아니지만 그 연구들만으로는 여전히 만족스럽지 못한 감이 있었다. 전치사와 자주 사용하는 동사나 동사구에 대한 연구는 연세대 영문과 이기동 교수님이 '원형적 의미'라는 것을 통해 의미들 간 관계를 새롭게 조명했는데 이 방법은 원형적 의미에서 한 단계 나아간 변화는 설명이 가능하지만 여러 단계의 변화를 설명하는 데는 한계가 있어 보였다. 외국에서는 '인지문법'이라는 것을 만든 림 래니커 교수가 영어의 다의적 의미들을 연결한 '의미망'이라는 개념을 연구했는데 이 또한 의미 간 관계가 너무 복잡하게 얽혀 있어서 일반인들이 이해하기 쉽지 않은 단점이 있었다. 나는 영어를 배우는 일반 사람들이 영어단어의 다양한 의미를 쉽게 이해할 수 있는 실용적인 방법을 찾고 싶었다.

각 단어의 의미들을 영한사전, 영영사전, 어원사전 등을 찾아서 의미들 간 관계를 심층적으로 들여다보니 연결고리가 모습을 드러냈다. 그리고 찾아낸 관계들을 글로 풀어내는 작업을 했는데 글로만 풀다 보니 의미들 간 관계가 한눈에 들어오지 않았다. 그래서 생각해낸 것이 '의미나무'다. 단어의 의미들이 어원에서 시작해 큰 가지처럼 나뉘고, 각각의 가지로 뻗은 의미들은 앞의 의미 변화에서 영향을 받아 나름의 흐름을 갖고 나아가는 모습이 마치 나무가 뿌리에서 가지를 뻗으며 자라는 것과 흡사한 데서 힌트를 얻었다.

틈틈이 영어단어들의 의미나무를 하나씩 만들면서 각각의 단어에 대한 개념이 예전에 생각했던 것과 완전히 다르다는 것을 알았다. 영어단어와 우리말의 의미를 일대일로 대응시켜 암기할 때 머릿속에 떠올린 개념은 우리말의 의미에서 비롯한 것이었지 실제 영어단어가 가진 개념이 아니었기 때문이다. 40년 가까이 영어 공부를 하고 영어를 사용했는데 영어단어의 본래 개념을 제대로 모르고 써왔던 셈이다. 예를 들어 'department store'는 우리말로 '백화점'이라고 한다. 언어는 다르지만 같은 걸 가리키는 단어라는 점에서는 문제가 없어 보인다. 그러나 영어의 'department store'는 '물건을 파는 상점들이 나뉘어 있다'

는 개념에서 나온 말인데 비해 '백화점'은 직역하면 '백 가지 물건을 파는 곳'이라는 뜻이고, 여기서 '백'은 숫자 백, 즉 '많다'는 의미를 가지고 있다. 이렇듯 같은 사물을 지칭하는 영어단어와 우리말 의미에 해당하는 단어가 서로 다른 관점에서 탄생했음에도 이 둘을 일대일로 암기하면 우리는 우리말 의미의 관점을 통해 영어단어를 바라보는 습관을 갖게 된다. 곧 영어단어 본래의 관점을 잃어버림으로써 영어단어의 관점에서 생겨나는 의미의 변화를 이해할 수 없게 된다.

의미나무 작업을 하면서 진작 이렇게 공부를 했더라면 영어에 대한 자신감이 생기고 단어의 의미들을 훨씬 쉽게 파악했을 텐데 하는 아쉬움을 느꼈다. 처음에는 서로 연결이 될 것 같지 않던 의미들의 연결고리를 찾을 때마다 감탄했고 기쁨을 맛보는 경험을 거듭했다. 그러면서 혹시 이런 내용이 다른 사람들에게도 도움이 되지 않을까 하는 생각을 하게 되었다. 이 작업을 다른 사람들에게 노출해보고 피드백을 받아야겠다는 생각에서 2015년 7월, '영어단어와 인지구조'라는 페이스북 그룹을 만들었다. 5개월 만인 12월 말에 회원수가 500명 넘게 늘었다. 가입한 분들 가운데는 영어를 꽤 잘하는 분들도 있었고, 심지어 외국에서 영어를 쓰면서 생활하시는 분들도 있었다. 그분들의 '좋아요'나 댓글 반응을 보면서 나의 연구 내용을 필요로 하는 사람들이 있다는 것을 알았고 책으로 내봐야겠다는 용기를 가지게 되었다.

틈틈이 혼자서 원고 작업을 해보았는데 문체가 너무 건조해 보이고 시간도 오래 걸릴 것 같았다. 그리고 지속적으로 작업을 할 수 없어서 써두었던 원고를 묵혀두고 있던 차에 대학원에서 같은 연구실에 있던 후배를 통해 정보산업공학과에서 HCI를 전공하고 인지과학 수업을 듣기도 했던 후배를 소개받았다. 후배는 외국에서 태어나 살고 있는 친척이 많아서 일찌감치 영어와 친숙했고 책도 여러 권 내본 경험이 있었다. 만나서 이야기를 나누다 보니 마음이 잘 맞아서 책을 함께 내기로 했다. 공동 작업을 하면서 원고 집필에 속도가 붙었고 글의 내용과 문체를 보완할 수 있었다.

이 책은 기존의 이론을 바탕으로 한 것도 아니고 영어단어의 의미들 간 관계를 역사적으로 고증하는 데 목적을 둔 것도 아니다. 누구나 쉽게 영어의 다의적 의미들 간 관계를 이해해서 각 단어에 대한 올바른 개념을 가질 수 있게 하고 싶다는 현실적인 목적을 가지고 썼다. 영어를 배웠거나 또는 배우고 있지만 일상에서 마음껏 쓰지 못하는 사람들이 이와 같은 새로운 방식을 통해 영어단어의 다양한 의미들을 쉽게 익히고 자연스럽게 활용할 수 있기를 기대할 뿐이다.

김진수

글을 시작하며, 둘

내가 중·고등학교를 거치면서 한창 공부하던 시절에는 암기가 아닌 교육 방법이 거의 없었다. 모든 교육은 대개 암기를 중심으로 했으며 암기를 얼마나 잘할 수 있도록 도와주느냐에 집중하고 있었다. 학습의 효율이 아닌 암기의 효율에 몰두했던 셈이다. 이런 교육 형태가 문제를 드러낼 수밖에 없었던 가장 큰 이유도 과목을 불문하고 암기를 중심으로 하는 주입식 교육이었기 때문일 것이다. 물론 머리가 좋은 친구들은 암기를 잘하는 경향이 있다. 하지만 머릿속에 지식을 때려 넣는 방식을 과학적인 학습이라고 하기는 어렵다. 영어라는 영역 역시 이 기준에서는 동일하다. 초급 영어를 배우는 사람과 고급 영어를 배우는 사람이 모두 동일한 학습 방식으로 공부한다는 것은 이치에 맞지 않는다. 초급자는 더 많은 단어를 외우고 문장 형식을 이해하는 과정을 거처야 할 것이고 고급자는 단어의 쓰임새와 용도를 더 깊이 파악하고 풍부한 표현력을 다지는 공부를 해야 할 것이다.

    나는 영어를 모국어로 배우지는 않았지만 영어 교육에 있어서는 좋은 환경에서 자랐다고 할 수 있다. 친척들이 거의 내가 태어나기 전부터 캐나다로 이민을 가서 사는 바람에 자연스럽게 영어로 나누는 대화를 일찍부터 받아들이게 되었다. 영어를 배우고 쓰는 과정에서 일차적 난관이라 불리는 외국인과의 대화를 두려워하지 않는 환경에서 자랐다고 할 수 있을 것이다. 나는 오히려 그것을 즐기고 더 자주 외국인과 대화하려고 나서기도 했다. 하지만 외국인과 대화를 하다 보면 내용이 조금만 깊어져도 대화의 폭이나 표현의 범위에서 명확하게 한계를 느낄 수밖에 없었다. 일상적인 대화에서는 그다지 제약을 못 느꼈지만 풍부한 표현을 구사하거나 '네이티브 스피커 native speaker'의 대화를 이해하는 부분에서는 항상 부족함을 실감해야 했다. 특히 내가 알고 있는 단어의 조합으로 상대방이 이야기를 했는데도 그 의미가 원래 알고 있던 내용과 달라서 곤란을 겪은 경우가 많았다. 남들보다 더 좋은 환경에서 영어를 익혔음에도 우리나라 교육 환경에서 배운 영어는 단어를 외우고 문장으로 연결하는 구조라서 언어 구사에 한계가 있었던 것이다. 내가 하는 영어는 어원을 알고 느낌과 감정을 표현하는 것이라기보다 마치 공장에서 물건을 만들 듯 단어의 조합으로 문장을 만들어내는 주입식 교육의 산물이었다. 아마 이런 경험은 영어에 관심을 갖고 한 번쯤 열심히 영어 공부를 해본 사람이라면 누구에게나 있을 것이다.

영어에 큰 관심을 가지고 있던 나는 1년이라는 짧은 기간 동안 캐나다에서 영어 공부를 하면서 TEFL 같은 교수법 중심의 수업을 들어보기도 했다. 하지만 교수·학습법 지도 수업에서 지식을 전달하기 위한 방법론을 배울 수는 있었지만 여기에도 동일한 지식 또는 정보를 효율적으로 전달하기 위한 방법은 없었다. 동일한 지식이나 정보를 효율적으로 알려주려면 단순한 교수법의 범위를 넘어서 학습에 대한 심층적인 분석과 적절한 전달 방법의 연구가 별도로 필요하기 때문일 것이다. 이런 비유가 어떨지 모르겠지만 우리가 버스를 타고 가다 흔히 발견하는 바깥 풍경 가운데 '수능 대비, ○○○ 선생님의 ~식 강의' 또는 '~식 ○○○ 시험 준비반' 같은 문구와 함께 강사의 이름을 당당하게 걸어놓은 학원들은 이런 부분에 집중해서 자신만의 영역을 닦아온 경우라고 할 수 있다. 이런 강의들은 해당 강사가 오랫동안 한 과목의 지식을 전달하는 과정에서 깨달은 노하우를 통해 효율적인 학습을 유도한다. 특히 수학이나 과학의 경우 원리를 중요하게 여기고 이를 강조하여 가르친다.

김진수 박사님이 앞의 서문에서 밝힌 것처럼 '백화점'을 영어로 'department store'라고 할 때, 나 역시 '부서'라는 의미를 가진 'department'와 '상점'이라는 의미를 가진 'store'가 합쳐져 '백화점'을 나타낸다는 사실에 흥미를 가진 일이 있다. 언어란 결국 오랜 기간 특정 집단의 사람들이 살아오며 소통하기 위해 만들어낸 규약과 같아서 그들의 문화적 특징을 반영할 수밖에 없다. 이런 점을 이해한다면

'department store'라는 단어는 띄어쓰기를 포함한 16자의 알파벳을 통째로 외워야 하는 하나의 단어가 아니라 원래 있던 'department'와 'store'가 자연스럽게 어우러져서 굳이 암기하지 않더라도 머릿속에 남는 단어가 되어야 한다. 즉, 단어가 구성하고 있는 근원적 개념을 이해한다면 좀 더 효율적으로 영어 공부를 할 수 있게 되는 것이다.

내가 이 책을 통해서 가장 중요하게 이야기하고자 하는 점 역시 영어단어가 가지고 있는 근원적 개념에 대한 부분이다. 예를 들어 'jam'이라는 단어는 'traffic'이라는 단어와 합쳐서 '교통 체증'을 의미하기도 하지만 기계 설비 분야에서는 무언가가 막혀 발생하는 고장의 형태를 의미한다. 'jam'이라는 단어를 단순히 '교통 체증'으로 외워서 익힌다면 기계 고장을 설명할 때 나오는 'jam'이라는 단어에 도달하기란 쉽지 않을 것이다. 이처럼 동일한 단어가 다른 문장에서 쓰인 사례를 조금만 유심히 살펴보면 'jam'이 '앞뒤로 어떤 존재가 움직이지 않게 되어 겪는 상황'이라는 것을 파악할 수 있게 된다. 어원사전을 찾아도 'jam'은 'a tight pressing between two surfaces'라고 나와 있다. 이처럼 영어 어원에 대한 이해는 효율적인 학습을 위해 꼭 필요한 요소다. 이 책에 등장하는 많은 사례를 통해서 사람들이 더욱 깊이 있는 영어 학습을 할 수 있기를 바란다. 그렇다고 이 책이 영어단어를 처음 접할 때 만나는 'phonics' 과정이나 지속적으로 단어를 외치면서 외우는 방식인 'chant'를 모두 부정하는 것은 아니다. 다만 단순 암기만으로는 이해할 수 없는 영어의 언어적 특징을 이해하고 영어 학습의 한계를 극복하도록 도우려는 새로운 학습 방식임을 알리고 싶은 것뿐이다. 그것만으로도 학문적으로나 실용적으로나 충분한 가치가 있다고 생각한다.

나는 이 책을 쓰는 내내 바로 내가 교육과 학습의 주체라는 입장에 있었다. 매일 공부하고 시험을 보는 학창 시절에서 멀리 벗어난 삼십대 후반의 직장인이기는 하지만 아직 어린 아이들의 공부를 걱정해야 하는 두 아이의 아빠이기도 하다. 학습이라는 것을 나의 관점과 옆에서 지켜보는 관점, 두 가지 시각으로 바라볼 수 있었다. 지금도 다양한 학습법으로 공부하고 있는 두 아들 서진이와 서원이, 아이들의 교육을 책임지는 아내 그리고 오래전 나의 공부를 도와주고 지켜봐주셨던 부모님을 떠올리며 이 책을 세상에 내밀어본다.

문재승

의미나무 이론에 대한 소셜미디어 반응

　　의미나무 이론에 대한 아이디어를 떠올리고 나서 책으로 정리하기 전에 여기에 대한 공감을 얻어내고 함께 사례 분석을 공유하며 의견을 주고받을 수 있는 공간을 만들고자 페이스북에 '영어단어와 인지구조'라는 이름의 그룹을 만들었다. 2015년 7월 20일, 의미나무에 대한 첫 사례로 '백화점'과 'department store'의 차이에 대한 글을 올렸고 이후로 이 책에 담겨 있는 많은 의미나무 분석 사례들을 공유했다. 그때부터 지금까지 10개월 동안 영어단어에 대한 분석을 꾸준히 올리고 있으며 500명이 넘는 회원들이 참여하고 있다. 의미나무 이론과 사례를 읽고 댓글을 써주신 분들의 의견을 조금이나마 소개하고자 한다.

의미나무 이론에 대하여

매번 포스팅 잘 보고 있습니다. 볼 때마다 드는 생각은 이처럼 다양한 의미들을 'native speaker'들이 접할 때 뇌에서 어떤 반응이 일어날까 하는 것입니다. 그리고 우리 같은 'non-native speaker'들의 반응과는 어떻게 다를까 하는 점입니다. 전 직장에 'AI Artificial Intelligence'라는 팀이 있었고 그 중에 이런 분야의 연구만 전문적으로 하는 분들이 있어서 흥미를 가졌는데 이 내용을 보니 그런 궁금증이 더해집니다.

— Sunghyun Hwang

의미나무 방식을 통해 이해할 수 있는 어휘의 확장에 대한 개념과 원리가 일선 교육 현장에서 반드시 쓰이면 좋겠습니다.

— Jeongbae Kong Enanum

저는 스포츠를 좋아하다 보니 'mlb.com'이나 'espn.com'을 자주 들어가게 됩니다. 이 두 사이트들은 센스 넘치는 영어 문장을 많이 사용합니다. 매일 감탄이 나오는 헤드라인을 보면서 뇌 구조 자체가 다르다는 걸 느낍니다. 영어를 모국어로 사용하는 사람들은 저희와 전혀 접근법이 다르다는 말입니다.

— Sungjin Park

이것을 보고 나니 영어단어를 볼 때 트리 방식으로 차분하게 그 의미가 연상되는 방식으로 생각하고 학습하게 되네요.

— Kyoung Hwan Kim

'ring'의 어원에 대하여

사각의 링에서 싸운다는 표현을 많이 들었는데 이런 유래가 있었다니 놀랍습니다.

— Keewoong Lee

'wear'의 어원에 대하여

'wear and tear.' 보험 약관에 많이 나오는 표현이라 미국에서 보험 들 때 'wear'에 '닳다', '해지다'란 뜻이 있다는 걸 처음 알았습니다. 그러고 보면 'tear'도 비슷한 방식으로 뜻이 확장된 것 같습니다.

— Changmin Park

'grind'의 어원에 대하여

컴퓨터 프로그래밍의 'java' 부하 테스트 툴 가운데 'grinder'라는 것이 있습니다. (http://grinder.sourceforge.net/) '갈아버린다'는 의미와 로드테스트의 관계를 몰랐는데 이제 이해가 가네요.

— Choulwon Lee

'lean'의 어원에 대하여

'lean'의 '기울다'라는 의미가 이렇게 연결되는군요. 그 중에서도 긍정의 뜻을 가지고 있는 부분들이 가장 새롭네요. 의미나무를 보며 '아! 이 의미는 이래서 그랬구나' 하고 이해할 수 있어서 참 좋습니다.

— Kyoung Hwan Kim

'solid'의 어원에 대하여

몇 년 전까지만 해도 한국 야구에서 '솔리드'라고 표현하는 용어에 대해서 매우 낯설었습니다(사실 미국에서는 흔하게 사용하는 단어입니다). 'solid'는 여기에 설명되어 있는 것처럼 '믿을 수 있는', '탄탄한'과 같은 의미로 사용됩니다. 보통 야구에서 3선발 정도면 '솔리드'하다고 볼 수 있습니다. 그 이상으로 중요하고 믿음직한 역할인 1, 2선발의 경우는 'dominant'라고 해야겠죠.

— Sungjin Park

'genius'의 어원에 대하여

이 설명을 보고 나니 이제 아이튠스에 있는 'genius' 메뉴가 무엇을 뜻하는지 이해가 되네요.

— Choulwon Lee

차례

글을 시작하며, 하나 • 5
글을 시작하며, 둘 • 11
의미나무 이론에 대한 소셜미디어 반응 • 16

Chapter 1
영어 교육의 패착

1 주입식 교육의 시대 • 25
2 언어 능력의 차이 • 35
3 영어단어 학습의 어려움 • 43

Chapter 2
영어단어와 인지구조

1 문자의 특징 • 53
2 언어별 표현 방식의 사회적 차이 • 59
3 단어의 구성과 어원 • 66
4 의미나무 이론 Meaning Tree Theory • 70

Chapter 3
의미나무 사례들

1 'eat'는 '먹다'가 아니다 • 79
2 지역적·문화적 영향을 받은 단어 • 90
3 사물과 행위 개념의 직접적인 연결 • 106
4 개념의 다단계적 의미 확장 • 122
5 의미의 영역이 넓어진 단어들 • 140

Chapter 4
영어 교육을 돌아보다

1 인지구조와 영어 교육의 시너지 • 153
2 영어 교육 2.0 시대 • 159

글을 마치며 • 167

부록

그 밖의 의미나무 분석 • 171

Chapter 1
영어 교육의 패착

1. 주입식 교육의 시대
2. 언어 능력의 차이
3. 영어단어 학습의 어려움

주입식 교육의 시대

주입식 교육은 지난 10년 넘도록 호된 질책을 받아온 우리 사회의 키워드다. 주입식 교육은 학생들을 시험 점수를 통해 줄 세우기 하는 상대평가 중심의 사회에서 생겨난 슬픈 현상이기도 하다. 최근 들어 주입식 교육의 폐해를 강조하고 여기서 벗어나야 한다는 사회적 인식은 자리를 잡았으나 완전히 없어지기까지는 상당한 시간이 필요해 보인다.

주입식 교육은 단기간에 교육적 성취를 이끌어내기 위한 방법으로는 효과적일지 모른다. 하지만 그런 장점이 반대로 작용해서 장기적 교육 목표를 달성하거나 이해를 기반으로 하는 깊이 있는 교육을 실현하기에는 부작용을 낳는다. 더욱이 지금과 같은 시대에는 배척받아 마땅한 교육 방식이기도 하다. 그런데 다른 형태의 교육 방식이나 교수법이라는 대안을 찾지 못하는 한 버리기 힘들다는 것이 우리를 딜레마에 빠지게 한다. 우리는 국사 시간에 조선시대 왕조의 계보를 외우기 위해 '태정태세문단세'를 암기했으며 화학 시간에는 원소주기율표를 외우려고 '수헤리베붕탄질'을 암기했다. 언어 과목에 해당하는 한문 시간에도 천자문의 첫 단어에 해당하는 '하늘천따지검을현누를황'을 달달 외웠다. 주입식 교육과 암기라는 차원에서는 과목의 종류가 별로 중요하지 않았다. 그리고 이처럼 원리에 대한 이해가 부족한 채 암기만 열심히 해도 좋은 성적을 얻는 일이 많았다.

물론 영어도 예외일 수는 없었다. 우리는 영어 문법을 배우면서 'to 부정사'와 '동명사(~ing)'를 사용하는 경우를 서로 구분하여 외웠고 'be used to', 'be about to' 같은 구문들을 열심히 암기했다. 학생들은 대체로 그 구문이 왜 그런 뜻인지 원리를 이해하려고 하기보다 그냥 '통째로' 외우곤 했다. 그리고 완벽히 틀린 말은 아니지만 언어 능력은 암기에서 시작한다고 믿으며 암기 제일주의를 지향하는 선생님들도 심심치 않게 만날 수 있었다.

그렇다면 실제로 암기가 영어 실력을 판가름하는 척도가 될 수 있을까? 물론 그렇지는 않다고 생각한다. 단어나 구문을 암기하는 능력은 최초에 기본적인 언어 지식을 쌓기 위한 도구는 될 수 있을지언정 외우는 것만으로는 언어를 제대로 활용할 수 없다. 언어의 활용 단계로 넘어가면 암기 능력 이외의 것이 필요하다는 것을 깨닫게 된다. 실제로 우리는 영어단어와 구문을 달달 외우는 언어 교육을 받고 살아왔지만 대한민국 성인 가운데 영어를 유창하게 구사하는 사람은 많지 않은 것으로 나타난다. 물론 여기서 말하는 유창함의 기준은 발음이 미국인 같다는 것을 뜻하지 않는다. 효과적으로 자신의 의사를 전달할 만한 능력을 가지고 있느냐 없느냐를 말한다. 우리는 평균 초·중·고 12년 동안 영어 공부를 하는데 그 기간에 비하면 결과나 소득은 결코 만족할 만한 수준이 아니다. 심지어 요즘에는 아이에게 최초로 영어 교육을 시키는 시기가 점점 앞당겨져 유치원 때부터 시작하는 경우가 많다. 대학에 다닐 때는 물론이고 졸업을 하고 나서도 취업을 준비하느라 토익이나 토플, 토익 스피킹, 오픽 등을 계속하기 때문에 태어나서 서른 살이 될 때까지 영어 공부에 매달리는 시간은 훨씬 늘어났다고 할 수 있다. 하루에 1시간씩 30년을 공부한다고 쳐도 1만 시간이 넘으니 이런 현상은 '1만 시간의 법칙'을 가볍게 해결한다. 그런데 통계에 따르면 영어책 한 권을 통째로 완독하는 사람은 학습자의 5퍼센트 수준에 지나지 않는다. 글의 의미를 이해하는 것이 아니라 단순히 문장을 일대일 방식으로 해석하는 공부를 했기 때문이다. 그만큼 영어 교육의 효율이 낮다는 말일 수도 있고 다른 교육법을 도입해야 한다는 의미이기도 하다.

    그렇다면 교육의 효과를 논의하기 위한 목표 지점을 한번 설정해보자. 언어 교육에 관심이 있는 사람이라면 미국인들이 평소에 사용하는 단어가 1,000개에서 1,200개 정도라는 이야기를 들은 적이 있을 것이다. 이 정도면 학문을 포함한 거의 모든 영역의 영어를 99퍼센트 해결 가능한 것으로 알려져 있다. 만일 우리가 유창한 영어 구사를 목표로 이를 달성하기 위해 암기해야 하는 단어가 1,200개라고 한다면 그리고 하루에 20개의 단어를 외울 수 있다고 한다면 여기에 필요한 시간은 겨우 60일이라는 결론이 나온다. 60일이면 일상생활에 필요한 단어를 모두 머릿속에 넣을 수 있는 것이다. 하지만 잘 알고 있듯이 누군가 60일 동안 매일 하루에 20개의 영어단어를 암기하는 데 성공했다 하더라도 그것은 결코 그 사람이 능숙하게 영어를 잘할 수 있다는 뜻은 아니다. 그가 설령 문법까지 잘 암기해서 아무 오류가 없다고 하더라도 말이다.

영어권에서는 외국인의 영어 학습을 위하여 어떤 기준을 세우고 있을까? 영국의 심리학자이며 언어 이론에 큰 공헌을 한 찰스 케이 오그던Charles Kay Ogden, 1889~1957은 1930년에 출간한 〈A General Introduction with Rules and Grammar〉에서 'Basic English'라는 개념을 선보였다. 그가 말하는 'Basic English'는 'in essence, a simplified subset of regular English', 즉 '본질적인 차원에서 일반 영어의 범위를 간략하게 축소시킨 부분 집합'이다. 최근 들어 이 개념은 아시아 지역을 중심으로 세계적으로 영어단어 학습 초급자들에게 필요한 850개 필수 단어로 정리되었다.

한편 찰스 케이 오그던의 'Basic English' 이후에도 영어를 모국어로 사용하지 않는 이들의 영어 학습을 위한 연구나 프로그램은 지속적으로 등장했다. 예를 들어 'Voice of America'는 미국 연방정부에서 내보내는 대외 방송 기관이다. VOA는 미국 이외의 지역에서 영어 또는 그 밖의 언어로 된 라디오, 텔레비전, 인터넷 방송 등을 제공하는데 영어를 일상에서 모국어로 사용하는 사람들이 말하는 것보다 조금 더 느리게, 간단한 문법 형태로 뉴스 등의 콘텐츠를 전달한다. VOA에서는 자신들이 사용하는 쉬운 형태의 영어를 'Special English'라 부르고 있다. 'Special English'에서는 1,580개의 영어단어를 소개하며 〈VOA Special English Word Book〉이라는 책에 그 내용을 담아놓았다. 이를 다르게 해석하면 1,580개 정도의 단어가 가진 의미를 잘 이해한다면 누구나 'Voice of America' 같은 방송을 알아들을 수 있는 수준이 된다는 말이다.

'Voice of America'를 구성하는 단어들은 몇 가지 구조로 되어 있다. 첫 번째는 품사의 구조다. 품사를 이해하는 것은 영어 공부의 시작이기도 하듯이 실제로 우리나라 전 국민의 영어 교재라 할 수 있는 〈성문기초영문법〉 첫 장도 품사에 대한 설명이다. 'Voice of America'는 명사, 동사, 형용사, 부사, 전치사, 대명사 그리고 접속사의 7개 품사로 영어단어를 구분한다. 품사 다음으로 단어를 분류하여 설명하는 기준은 접두사다. 'dis~', 'pro~', 're~'처럼 특정한 접두사가 붙었을 때 단어가 나타내는 의미를 알려준다. 여기에 더해 하나의 단어가 아닌 두 개 이상의 단어가 묶여서 의미를 만드는 'carry out' 같은 상용구를 알려준다. 끝으로 'atom', 'fusion', 'gravity' 같은 과학 용어와 'heart', 'kidney' 같은 신체 기관에 대한 단어를 포함한다. VOA는 이런 기준으로 제공하는 1,580개의 단어를 숙지한다면 일상적으로 영어를 이해하는 데 큰 문제가 없다고 판단한 것이다.

> **VOA에 나온 과학·신체 기관 관련 영어단어 설명의 예**
> - **gravity** the force that pulls things toward the center of the earth.
> - **x-rays** a kind of radiation that can pass through most solid materials, often used in medicine.
> - **heart** pumps blood through the body.
> - **kidney** cleans liquid wastes from the body.

다시 암기에 대한 부분을 생각해보자. 언어 교육에서 부분적인 암기 또는 주입이 아예 없을 수는 없다. 언어란 우리 머릿속에 그 언어를 구성하기 위한 최소의 정보가 있을 때에만 구사하는 것이 가능하기 때문이다. 하지만 암기 교육의 문제는 정상적인 의사소통을 위해 언어를 암기하기보다 좋은 시험 점수를 얻기 위해 맹목적으로 하는 경우가 훨씬 많다는 데서 발생한다. 이런 문제점 때문에 중·고등학교 시절 높은 영어 성적을 보이던 학생들이 정작 외국인을 만나서 이야기할 기회가 생기면 제대로 말을 못하는 현상이 벌어지곤 한다. 결과적으로 보아 암기는 공부를 하는 데 매우 중요한 조건이기는 하지만 그 전부가 될 수는 없다고 할 수 있다.

앞에서 이야기한 것처럼 수치화한 암기 목표는 더 큰 문제를 야기한다. 그럼에도 애석하게 우리는 지금까지 대부분 수치화한 목표를 기준으로 학습을 진행하는 데 익숙해 있다. 예를 들어 어려서 한자를 배울 때 거의 〈천자문〉이나 〈1,800자〉 같은 교재로 학습을 했다. 〈천자문〉은 말 그대로 '천 개의 글자로 이루어진 글'이라는 뜻이다. 즉, 외워야 하는 글자의 수를 목표로 적어놓은 것이다. 실제로 〈천자문〉이나 〈1,800자〉를 교본으로 하는 한자 교육에 입문하면 '하늘 천天 따 지地 검을 현玄 누를 황黃'으로 시작하는 단어를 암기하게 된다. 암기를 해야 하는 부분은 한자의 모양과 쓰는 순서, 한자를 부를 때의 음, 그리고 의미를 포함한다. 여기에 암기력의 효율을 높이기 위해 한자의 배열을 노래처럼 만들어 따라 부르게 한다.

이런 방식으로 한자를 배우고 일상생활에서도 여전히 한자가 많이 사용되고는 있지만 정작 머릿속에 남아 있는 한자는 그리 많지 않은 편이다. 분명히 1,800자를 외우면서 열 번을 쓰고 스무 번을 읽고 삼십 번을 들여다보았을 터인데 웬일인지 잘 기억나지 않는다. 게다가 1,800자 가운데는 정작 일상생활에서는 사용하지 않는 한자가 더 많다.

영어 교육 역시 이와 유사한 측면이 있다. 대개 언어 학습에는 암기와 기억의 효율성을 높여주기 위한 방법들이 총동원된다. 최근의 영어 교육은 초등을 넘어 유아와 영아에로까지 그 범위를 넓히고 있는데 여기서 가장 두드러지게 활용하는 것이 곧 'Chant' 방식이다. 'Chant'는 영어로는 '구호를 외치다'라는 뜻인데 프랑스어로는 '노래 부르기' 또는 '노랫소리', '선율'이라는 뜻이다. 영어 학습에서 'Chant'는 어린아이들에게 모국어가 아닌 언어를 습득하게 할 때 머릿속으로만 음을 기억하는 것이 아니라 그 말을 크게 소리 내어 외치게 하는 방식이다. 단순히 구호를 외치듯 소리 내는 것뿐만 아니라 음률과 함께 노래를 따라 부르듯이 말을 따라하는 방식을 포함한다. 즉, 노래를 부르듯이 즐겁게 언어를 외우는 것이 핵심이다.

그런데 가사를 외워서 노래를 따라 부른다고 해도 내용을 다 이해하는 것은 아니다. 중·고등학교 시절에 팝송이나 일본 가요를 무슨 뜻인지도 모르고 맹목적으로 발음만 외워 노래방에서 부른 것과 마찬가지다. 즐겁게 외우는 것은 외운 것을 노래로 부르는 행위처럼 언어를 똑같이 재현하는 능력은 높일 수 있지만 그 언어를 이해하는 것과는 별개의 문제다. 'Chant' 방식의 영어 학습에서도 대개 앞부분에 그 단어가 쓰이는 상황에 대한 영상이나 교재를 제공함으로써 언어가 지닌 근본적인 의미를 학습자가 이해할 수 있도록 돕는다. 그리고 바로 이 지점에서 주입식 교육과 달리 본인 스스로 이해하고 공부하는 이해 중심의 교육이 가능해진다. 사람이 세상에 태어나서 모국어를 배우는 것 역시 엄마, 아빠 또는 형제자매처럼 자신을 둘러싼 사람들이 사용하는 언어가 어떤 상황에서 어떻게 쓰이는지를 계속해서 보고 받아들이면서 근원적 개념을 알아가는 과정이다.

앞서 예로 든 〈천자문〉이나 〈1,800자〉를 교본으로 하던 한자 교육도 한자를 사용하는 상황과 의미를 연결하여 배울 수 있도록 새롭게 만든 〈마법 천자문〉 같은 콘텐츠가 등장했다. 무작정 한자를 순서에 따라 외우는 것이 아니라 상황에 필요한 한자를 오곡도사니 손오공 같은 흥미로운 만화 캐릭터의 힘을 빌려 쉽게 이해하고 실제 사용할 수 있는 언어 교육을 제공하는 것이다. 사실 한자는 상형문자라는 특징 때문에 한글이나 영어처럼 발음을 표기하는 언어 방식이 아니라 특정 단어가 지닌 의미를 그림처럼 그리는 방식으로 구성되어 있다. 그래서 암기하는 것이 가장 효과적인 학습 방법이라 알려져 있기도 하다. 덕분에 조선시대부터 엄한 훈장 선생님과 노래를 부르듯 한자를 달달 외우는 아이들의 모습, 암기를 못했을 때 돌아오는 회초리는 오랜 세월 동안 한자 교육의 대표 이미지로 각인되어 있다.

광복 이후에도 주입식 교육은 60년 동안 대한민국 교육을 이끌어왔지만 이제는 정말 새로운 시대가 닥쳤다는 것을 실감한다. 불과 20년 전까지만 하더라도 영어를 능수능란하게 하는 사람을 찾아보기 힘들었고 영어 문화가 제대로 자리 잡고 있지 않아서 깊이 있게 분석하려는 시도도 없었다. 하지만 이제 우리나라 아이들은 두세 살만 되어도 텔레비전에서 흘러나오는 영어를 접하고 네다섯 살만 되어도 영어 유치원에 가서 기초 단계의 영어 교육을 받기 시작한다. 20년 전에는 간단한 모국어를 배우는 두 살 아이와 영어를 배우기 시작하는 열두 살짜리 초등학생의 격차가 10년이었다면 이제는 3~4년으로 좁아졌다.

그만큼 영어 교육의 중요성은 날이 갈수록 높아지는데 교육법은 그다지 혁신적으로 발전하지 못하고 있다. 게다가 앞으로도 변함없이 암기 중심의 언어 교육을 계속할 경우, 초·중·고로 이어지는 12년 동안 아무리 열심히 영어 공부를 한다고 해도 외국인 앞에서 제대로 말 한마디 하기 힘든 사람들이 속출하는 현실을 바꾸기란 쉽지 않을 것이다.

2 언어 능력의 차이

　언어 능력은 사람마다 다르다. 어떤 언어든지 말하는 사람과 글 쓰는 사람에 따라서 다르게 들리고 다르게 와 닿는다. 우리는 이것을 매일 사용하는 우리말에서 잘 느낄 수 있다. 예를 들어 jtbc 뉴스룸을 진행하는 손석희 앵커의 경우, 말할 때 톤도 차분하고 목소리도 좋지만 그의 말은 상황에 적절한 단어와 표현을 활용함으로써 더욱 빛난다. 흔히 말을 잘한다고 일컬어지는 이들은 손석희 앵커가 가지고 있는 강점을 거의 비슷하게 가지고 있다.

　결국 언어 능력의 차이를 판가름하는 것은 말투나 글의 톤 같은 느낌에 가까운 무형적 요소와 사용하는 단어나 문장의 구조 같은 유형적 요소의 결합에서 결정 난다고 할 수 있을 것이다. 이 가운데서도 특히 말을 하거나 글을 쓰는 사람이 선택하는 단어는, 언어 능력이 상대적으로 좋지 못하다고 여기는 사람이 가장 먼저 그리고 쉽게 바꾸어볼 수 있는 요소에 해당한다. 누군가의 글이나 말을 평할 때 흔히 언어 능력이 좋지 못한 사람의 말이나 글은 조리가 없다거나 와 닿지 않는다고 표현한다. 이때 단어 몇 개만 바꾸거나 고쳐도 공감의 깊이가 달라지는 것을 경험해보았을 것이다. 즉, 가장 표면에 드러나는 요소인 단어 선택이 언어 능력의 차이에 미치는 영향은 무척 크다. 그리고 그것을 우리는 보통 어휘력이라고 한다.

어휘력은 아주 중요하지만 어휘력을 판단하는 데는 다소 어려운 변수가 작용한다. 주입식 교육을 통해 단어가 가지고 있는 의미를 사람들에게 기억시킬 수는 있지만 그것이 문장력이나 언어 능력으로 직결되지는 않기 때문이다. 많은 단어를 알고 있다는 것이 절대 높은 언어 능력과 일치하지 않듯이, 또 단어를 많이 알고 있다고 해서 소설가나 시인이 될 수 있는 것은 아니듯이 말이다. 좋은 글을 쓰거나 이야기를 잘하는 능력은 스스로 가지고 있는 어휘를 적절한 상황에서 적절한 문장에 넣을 수 있을 때 가능해진다. 그리고 이것을 다른 관점으로 보면 단어가 가지고 있는 본질적 의미를 잘 파악해서 이해하고 있을 때 언어 능력이 극대화하는 것이라고 말할 수 있을 것이다.

언어 능력의 차이를 이해하기 위해 먼저 '이해하다'라는 말부터 이해해보자. '이해하다'는 영어로 무엇일까? 물론 'understand'다. 그렇다면 반대로 'understand'는 '이해하다'와 같은 뜻일까? 여기에는 이론의 여지가 있다. 'understand'에는 여러 가지 뜻이 있기 때문이다. 우선 'understand'의 가장 표면적인 뜻은 '말의 의미를 이해하다' 또는 '언어를 이해하다'이다. 주로 언어적인 의미, 즉 'meaning'에 해당한다. 하지만 'understand'는 여기에 국한되지 않고 원리나 원인 등을 이해한다는 의미에서 'how something happens/works'로 쓰이기도 하며, 누군가의 마음이나 심정을 이해하거나 공감하는 'know someone'으로 쓰이기도 한다. 또 'I understood that you wanted to see me' 같은 문장은 '당신이 나를 만나고 싶어 한다고 생각했다' 정도로 해석할 수 있으므로 '이해하다'라는 뜻으로는 해석이 어려워진다. 그렇다면 'understand'는 어떤 어원을 가지고 있을까?

understand(v.) : Old English understandan 'comprehend, grasp the idea of', probably literally 'stand in the midst of', from under + standan 'to stand'.

If this is the meaning, the under is not the usual word meaning 'beneath', but from Old English under, from PIE *nter- 'between, among'(cognates : Sanskrit antar 'among, between', Latin inter 'between, among', Greek entera 'intestines:')

이 설명대로 'understand'의 어원은 '중심에 서 있다'라는 뜻이다.

더 구체적으로 살펴보면 '많은 사람의 무리에서 물리적 또는 개념적으로 가운데 위치해 있다'이다. 여기서 의미가 확장해서 '가운데 서서 사람들을 살펴보거나 그들의 이야기를 들어보는 것'이 'understand'의 본질이다. 가운데서 바라보며 전체를 공감한다는 것은 '언어를 이해하거나 원리를 이해하는 것' 그리고 '남이 하는 말과 행동을 보고 어떤 식으로 생각하는 방식'이라고 할 수 있으므로 'understand'의 다양한 사용법을 자연스럽게 연결해서 이해할 수 있게 된다.

이 사례를 통해 알 수 있는 것처럼 어떤 언어를 이해하고 나서 사용했을 때와 그렇지 않고 사용했을 때는 언어 능력 면에서 큰 차이가 생긴다. 최근에는 영어를 공부하는 한국인의 관점뿐만 아니라 한국어를 공부하는 외국인의 관점을 통해서도 이런 부분을 실감할 수 있게 되었다. 우리나라에도 외국인 방문객들이 늘어나고 한류 붐을 타고 해외에 알려질 계기가 많아지면서 한국어를 하는 외국인 수가 크게 늘었다. 그런 외국인들이 잘못된 단어나 문장, 상황에 맞지 않게 한국어를 쓰는 것을 종종 본다. 텔레비전 프로그램에 출연한 외국인이 한국말을 매우 잘해서 깜짝 놀라는 일도 자주 있지만 반대로 외국인들과 이야기를 나누다 보면 잘못 사용하는 한국말들을 쉽게 접할 수 있다. 그리고 잘못된 한국어 표현의 적지 않은 부분이 어원을 잘못 이해하고 사용하는 데서 생긴다는 것도 알 수 있다.

외국어는 낯선 언어다. 누구나 모국어만큼 빨리 습득해서 잘하기는 힘들다. 하지만 영어 학습 광고에 자주 등장하는 것처럼 '초보자의 문제는 단어들이 잘 연결되지 않는다는 것'이다. 단어 연결만 잘 된다면 우리도 영어를 잘할 수 있고 외국인도 한국어를 잘할 수 있게 된다. 누구나 외국어를 공부할 때 단어들을 각각의 올바른 의미로 이해할 수 있도록 어원을 통해 공부한다면 말이다.

이처럼 외국어 학습, 특히 어휘력을 판가름하는 단어 학습은 언어 능력에서 매우 중요한 요소다. 초급 영어의 경우에는 어휘 수나 활용의 폭이 좁아서 어원을 이해하는 학습의 효과가 덜 나타날 수도 있지만 중급을 지나 고급으로 옮겨갈수록 어원을 통해 학습한 경우 효과가 크게 나타날 가능성이 높아진다. 고급 영어로 갈수록 한 단어와 매치하는 대표적인 의미를 묶어서 암기하는 방식으로 공부하면 매우 피곤하고 공부를 지속하기가 어려워지기 때문이다.

'address'라는 단어를 예로 들어보자. 우리가 어릴 적부터 흔히 접해온 영어 단어 학습법은 'address'를 '주소'라고 암기하는 것이다. 이런 학습법을 인지과학으로 해석해서 설명해보자. 먼저 'address'는 '주소'라고 반복적으로 외우다 보면 그 의미가 명확하게 머릿속에 각인될 것이다. 한데 문제는 그다음에 발생한다. 일단 하나의 단어를 하나의 뜻과 연결해서 외웠는데 동일한 단어가 다른 의미로 쓰인 두 번째 문장을 만났을 때이다. 우리는 이때도 대개 두 번째 의미를 따로 암기한다. 즉, 'address'는 '주소'라고 외운 사람이 'address'를 주소가 아닌

'연설'이란 뜻으로 쓰인 문장을 만났을 때 이번에는 'address'는 '연설' 하고 새로 외우는 식이다. 이 사람의 머릿속에는 '주소'와 '연설' 사이에 연결고리가 없어서 마치 동음이의어인 것처럼 따로 저장될 것이다. 그러다 이 사람이 골프를 치게 되었다고 치자. 골프 용어를 익히면서 이번에는 '공을 치기 전에 자세를 잡다'가 'address'라는 사실을 알게 된다. 이때 이 사람은 'address'라는 하나의 단어를 위해 세 번째 뜻을 암기하여야 한다. 물론 암기는 세 번에 그치지 않고 새로운 의미가 등장할 때마다 반복될 확률이 높다. 결국 단어 하나가 가진 여러 의미를 문장이 달라질 때마다 외우면서 '인지적 부하 cognitive load'에 걸리게 되고 그때부터 더는 단어가 외워지지 않거나 이미 외운 것을 완전히 까먹게 될 것이다.

이런 식으로 단어를 암기했을 때 가장 많이 발생하는 현상은 한 단어의 여러 의미 가운데 가장 먼저 외운 것만 강력하게 떠오른다는 것이다. 즉, 가장 먼저 암기한 '주소'와 'address'의 연결 강도가 너무 강해서 'address' 하면 바로 '주소'가 튀어나올 확률이 백 퍼센트다. 결국 특정 단어의 뜻이 여럿인 경우 그 뜻을 다 기억하고 있다고 해도 문장에서 어떤 의미로 쓰였는지를 파악하려면 하나하나 순차적으로 끄집어내서 각 의미를 문장에 대입해보는 복잡한 과정을 거쳐야 하는 것이다. 이렇게 하면 뇌에서 언어를 구사하는 데 필요한 단어를 처리하는 시간이 너무 길어진다.

이 문제는 외국어를 공부할 때 가장 큰 장애 요인이 된다. 그리고 언어 학습에서 이 문제를 해결하기 위해서는 처음 외국어를 배우는 사람들에게 단어 학습 차원에서 인지적 관점을 중요하게 적용해야 한다. 무턱대고 한국어 단어 하나와 영어단어 하나를 묶어서 머릿속에 집어넣는 방식을 바꿀 필요가 있다는 것이다. 일대일 대응은 모든 단어가 하나의 의미를 가지고 있을 때는 가장 효율적으로 쓸 수 있지만 하나의 단어가 서로 다른 의미를 여럿 가지고 있을 때는 학습에 장애가 될 뿐이기 때문이다. 하나의 단어가 여러 가지 의미를 가지고 있는 '다의어多義語'라는 개념을, 마치 같은 소리가 나는 서로 다른 단어처럼 인식하는 '동음이의어同音異義語'로 받아들이는 오류가 발생할 수 있다.

문장을 통해 살펴보면 더 명확하게 알 수 있다. 예를 들어 'The punishment was very fair'에서 '공정한'이라는 의미로 외웠던 'fair'를 'Today is a fair and breezy day'라는 문장에 적용해서 해석하면 도무지 말이 되지 않는다. 'fair'는 '공정한'이라고 암기했던 것을 '날씨가 맑게 갠'이라는 뜻으로 재차 암기해야 할 것이다. 만일 이런 식으로 하나의 영어단어가 내포한 뜻을 종류마다 다른 공식으로 암기해야 한다면 우리는 결코 'Voice of America'에서 제시한 1,580개의 단어만으로 방송을 다 이해할 수 없다. 제대로 된 언어 구사는 1,580개의 단어가 가지고 있는 전반적인 의미를 근원적으로 이해하고 있을 때 가능한 일이다. 1,580개의 단어가 가지고 있는 여러 가지 뜻을 모두 개별적으로 암기해야 한다고 하면 우리가 암기해야 하는 실제 의미 단어의 수는 최소 만 개가 넘을 것이다.

  단어의 근원적 개념을 이해하지 못하고 사용하는 경우 앞에서 설명한 것처럼 외국어 원문의 의미를 잘못 이해할 수도 있지만 잘못된 외국어를 구사하게 될 수도 있다. 예를 들어 'pick'이라는 단어는 '손으로 무엇인가를 뜯어내는' 동작과 관련한 뜻을 가지고 있다. 그래서 음식을 잘못 먹어서 체했을 때 '손을 따다'라고 할 때나 '기타를 치다'에도 'pick'을 사용한다. 하지만 기타의 사례를 일반화해서 악기를 연주하는 동사를 'pick'이라고 생각해서 '피아노를 연주하다'를 'I picked piano on last Sunday'라고 표현한다면 이 말을 들은 외국인은 전혀 다른 의미로 받아들일 것이다. 이 문장은 '지난 일요일에 새로운 피아노를 골랐다'라는 뜻이기 때문이다. 이처럼 언어, 특히 단어를 사용하면서 그 단어가 가지고 있는 본질적인 의미를 파악하고 외국어를 구사하는 것은 너무나 중요한 일이다. 그리고 이렇게 작은 차이가 말을 듣거나 문장을 읽는 사람에게 언어 능력을 판단하는 기준으로 작용한다.

3 영어단어 학습의 어려움

이쯤에서 영어단어를 중심으로 단어가 가지고 있는 근원적인 개념에 대해서 짚고 넘어가기로 하자. 언어를 하나의 요리에 비유한다면 단어들은 요리에 들어가는 식재료와 같다고 할 수 있다. 사람들은 같은 식재료를 가지고도 각기 다른 맛을 내거나 누군가는 더 맛있는 음식을 만들어내기도 한다. 또 각각의 식재료는 고유한 맛을 가지고 있으면서 다른 식재료와 만나 팔색조처럼 변하기도 한다. 여기서 중요한 것은 단어나 식재료나 고유의 뜻과 맛이 있다는 점이다. 예를 들어 샐러드에 당근을 넣을 때는 생으로 썰어 넣고, 카레에는 미리 볶아서 넣고, 주스를 만들 때는 갈아서 넣지만 어떤 경우라도 당근이 지닌 근원적인 맛은 각각의 요리에 남아 있기 마련이다. 드라마 〈대장금〉에서 주인공이 고기에서 홍시 맛이 난다고 했던 것과 같다고 할 수 있다. 우리가 사용하는 단어도 식재료처럼 어원은 있지만 어떤 문장에 쓰였는가에 따라 그 의미가 조금씩 달라진다. 그리고 각각의 단어는 비슷한 의미를 가지고 있더라도 더 어울리는 자리가 있고 더 적절한 위치가 있다. 다만 그 언어에 이미 숙련되어 있는 사람들이라면 특별한 과정을 거치지 않더라도 무의식적으로 자리에 맞게 사용할 수 있는 것뿐이다. 여기서 우리는 단어가 가지고 있는 '맛'에 대해 좀 더 깊이 음미해볼 필요가 있다.

어떻게 해야 영어단어에 익숙해질 수 있을까? 일단 '암기'나 '숙지'라는 표현처럼 단어를 내 머릿속에 집어넣어야 한다. 이를 잘 알고 있는 사람들이나 출판업계에서는 아주 오래 전부터 영어단어 관련 서적을 〈Vocabulary 10,000〉이니 〈Vocabulary 22,000〉, 〈Vocabulary 33,000〉이라는 식으로 만들어 판매해왔다. 학습 목표를 만 개에서 삼만 개에 이르는 단어 암기로 잡아놓은 것이다. 하지만 정작 어휘의 풍부함은 이처럼 암기를 완료한 임의적 영어단어의 수에 있지 않다. 앞에서 살펴본 것처럼 동일한 언어를 배운다 하더라도 사람은 한 명, 한 명이 가지고 있는 표현력이 다르기 때문이다. 그리고 그 표현력은 한 사람이 알고 있는 단어의 수와 그 단어를 사용하기 적합한 상황에서 적용할 수 있는 능력의 조합에 가깝다.

아직까지 영어단어를 학습하는 사람들이 활용하는 가장 보편적인 방식은 앞 장에서 이야기한 대로 하나의 영어단어에 맞는 하나의 의미를 암기하는 방식이다. 이런 형태의 단어 공부에는 어떤 문제가 있을까? 이론적인 부분을 추가해서 이해해보자. 하나의 영어단어가 가진 여러 가지 의미를 하나씩 따로 암기하면 그 정보들이 서로 혼란을 야기할 수 있다. 대개는 우리가 처음 암기한 단어의 뜻의 힘이 강력해서 동일한 단어가 가진 새로운 의미를 다시 기억하는 것을 방해한다. 게다가 기억을 떠올릴 때는 먼저 암기한 뜻이 먼저 튀어나옴으로써 나중에 암기한 뜻이 떠오르는 것을 막는다. 이런 현상을 '의미고착화meaning fixedness'라고 표현할 수 있을 것이다. 어떤 사물을 특정한 용도로 국한해서 생각하다 보면 다른 용도로 사용할 수 있다는 것을 좀처럼 인식하지 못하는 현상을 '기능고착functional fixedness'이라고 하는 데서 따왔다. 영어단어를 암기할 때 하나의 단어를 하나의 국한된 의미로 생각하다 보면 이와 유사한 현상이 발생하기 때문이다.

사람들은 기능고착, 즉 의미고착화 현상에 따라 하나의 단어에 하나의 의미를 대입하여 외운 다음 그 단어가 가진 두 번째 의미를 만나면 그때부터 두 번째 암기를 진행한다. 그리고 세 번째 또는 네 번째 다른 의미가 있다면 그 또한 각각의 독립적인 뜻으로 외운다. 그러다 그 단어가 쓰인 어떤 문장을 만나면 지금까지 외웠던 여러 의미 가운데서 어떤 것으로 쓰였는지 확인하기 위해 기계적으로 첫 번째, 두 번째, 세 번째 그리고 네 번째로 자신이 외운 뜻을 대입하게 된다. 이것이 아마 사람들이 흔히 영어단어를 공부하고 활용하는 수순일 것이다. 물론 그나마 이렇게 순차적 의미 대입을 통해서 딱 들어맞는 뜻을 찾아낸다면 다행이라고 할 수 있다. 그렇지 않은 경우가 생기니까 골치가 아픈 것이다.

이런 방식의 학습은 어떤 문제를 안고 있을까? 우선 시간이 오래 걸린다. 만약 문장에 쓰인 단어의 뜻이 처음에 암기한 것이 맞으면 바로 적용해서 해석할 수 있겠지만 다섯 번째나 여섯 번째로 외운 뜻이라면 그걸 찾아내는 데 시간이 오래 걸릴 수밖에 없다. 더욱이 애써 외운 다섯 번째나 여섯 번째 의미가 머릿속에서 희미해졌다면 난감하기 그지없다. 이것은 예로 든 'address' 같은 명사형 단어에 국한되어 나타나는 현상만은 아니다. 일반적으로 명사보다 더 폭넓은 범위로 그리고 다른 단어의 뜻을 보조하는 역할로 주로 사용하는 전치사에서는 이런 현상이 더 두드러지게 나타난다. 가령 'as'는 여러 상황에 쓰이는 전치사다. 'do as a gentleman'이라고 하면 '신사처럼 행동하다'라는 뜻인데 이 문장에서 'as'는 정확하게 '~처럼'으로 해석이 가능하다. 하지만 영어 공부를 조금 더 하다 보면 만나는 'as' 구문이 있는데 바로 비교 구문이다. 'Tom is as tall as I'처럼 주어와 목적어를 비교하기 위한 문장에서 'as'는 다른 의미로 쓰였다. 또 'Rich as she is, she is not happy'라는 문장은 '그녀는 부유하지만 행복하지는 못하다'로 해석이 가능하다. 앞의 두 가지 용법과 다른 'as'가 있는 것이다. 우리는 이처럼 다양한 'as'를 어떻게 하면 쉽게 받아들일 수 있을까? 'as'는 '양적으로 같거나 또는 어떤 상황이 같다'는 데서 출발하면 된다. 그리고 '~할 때'로 번역하는 것은 같은 상황(시간)에 두 개의 사건이 발생한 것으로 생각하면 된다. 그러면 'Rich as she is, she is not happy'라는 문장이 부자인 상황과 불행한 상황이 같이 존재함을 의미한다는 것을 알 수 있을 것이다.

'on'은 흔히 '~위에'라고 생각하기 쉽지만 본질적으로는 공간적 접촉에 가깝다. 예를 들어 대부분 '~위에'라는 뜻으로 해석했을 때 맞기는 하지만 'There is a fly on the ceiling'이나 'There is a garden on the lake'라는 문장을 단순히 '~위에'로 해석하기에는 어색함이 따른다. 'on'이 시간적 의미로 확장하는 사례는 'He arrived on Monday'라는 문장에서 볼 수 있는데 이 경우 특정한 시간과 사건이 접촉해 있음을 알 수 있다. 또 'On our return, he greeted us warmly'라는 문장에서는 두 가지 사건의 접촉을 뜻한다. 'on'은 더 확장이 가능해서 'She took pity on the poor man'에서처럼 사람의 상태 같은 추상적 개념의 접촉으로 나아가기도 한다. 'The house is on fire'에서는 사람의 상태를 넘어 집에 불이 붙은 사물의 상태를 수식하기 위해 쓰이기도 했다.

'about'도 마찬가지다. 'about'은 'on'과는 조금 다르게 본질적으로 주위나 주변을 나타내는 공간적 의미를 가지고 있다. 예를 들어 공간을 뜻하는 경우 'The papers were scattered about the room'처럼 특정 공간 주변의 이곳저곳에 종이가 뿌려져 있는 상황을 수식할 때 사용한다. 그리고 이런 개념은 시간으로도 확장한다. 'He came about 9:00'이라는 문장에서처럼 정확히 9시는 아니더라도 9시 언저리 시간 내로 도착하는 경우에 'about'을 사용할 수 있다. 여기에 더해 추상적 영역으로 넘어가면 물건을 둘러싸고 있는 속성을 나타내 'What's the best thing about the car?'라고 쓸 수 있다. 결국 'about'에 대한 우리말 해석은 달라지지만 본질적 의미는 그대로 남아 있는 셈이다.

'as'나 'on', 'about'이 완벽히 동떨어진 의미로까지는 확장하지 않은 반면 'while'은 조금 다르다. 'while'이 가진 가장 일반적이고 표면적인 의미는 '~하는 동안'이다. 'during or in the time that'과 같다고 할 수 있다. 예를 들어 'Nothing much changed while he was away'라는 문장에서처럼 '그가 떠나 있는 동안'이라는 표현을 할 때 'while'은 매우 적합하다. 하지만 'While she appreciated the honor, she could not accept the position'이라는 문장에서는 결코 그렇게 해석할 수 없다. 이 경우에는 '비록 ~이지만'이라는 뜻으로, 즉 'even though'로 해석해야 한다. 언뜻 보기에 '~하는 동안'과 '비록 ~이지만'에서 공통점을 찾아내기는 어려워 보이지만 완전히 서로 다른 것처럼 느껴지는 'while'에 공통점은 있다. 바로 한 사람에게 두 가지 상황이 공존하는 것이다. 예를 들어 첫 번째 문장에서는 그가 떠나 있는 상황과 그럼에도 많은 것이 바뀌지는 않았다, 라는 두 가지 상황이 공존하고 두 번째 문장에서는 그녀가 수상의 영광에 감사하는 상황과 그럼에도 그 상을 받을 수 없다는 두 가지 상황이 공존한다.

이처럼 단어가 지닌 깊은 의미를 알면 지금까지 했듯이 하나의 단어가 가진 서로 다른 수많은 뜻을 개별적으로 암기하는 수고를 줄일 수 있다. 우리는 어떤 단어의 의미가 궁금해지면 사전을 뒤지면서 수십 가지나 되는 서로 다른 뜻 사이에서 맞는 답을 찾으려 시간을 보냈다. 그리고 이 과정에서 누구나 한번쯤 '이 단어에는 왜 이렇게 많은 뜻이 있는 거야, 도대체 영어권 사람들은 어떻게 이걸 다 기억해서 사용하지?' 하고 궁금하게 여긴 적이 많을 것이다. 이 질문에 대해 우리가 찾은 답은 서로 달라 보이는 단어의 숱한 의미들에는 결국 서로 공통하는 근원적 의미가 있고, 이 부분이 영어단어 학습에서 중요하게 다루어져야 한다는 것이다. 외국인들이 우리말을 배울 때도 그들의 입장에서 보면 우리말의 다양한 의미들이 납득이 가지 않을 것이다. 영어를 쓰는 외국인이 '먹다'라는 단어를 '음식물을 섭취하다'라는 뜻으로 배우고 나서 '친구를 먹다'는 말을 듣는다면 어떤 생각이 들까를 생각해보면 수긍이 갈 것이다. 이런 마음과 관점으로 우리도 영어단어를 공부해야 한다.

Chapter 2
영어단어와 인지구조

1. 문자의 특징
2. 언어별 표현 방식의 사회적 차이
3. 단어의 구성과 어원
4. 의미나무 이론 Meaning Tree Theory

1

문자의 특징

　언어란 생각이나 느낌을 표현하거나 전달하는 데 쓰이는 음성과 문자 등을 포함하는 의사소통 도구다. 언어는 또 가까운 지역에서 함께 거주하거나 상호 교류를 하는 집단이 사용하는 관습의 체계이기도 하다. 대부분의 경우 언어는 특정 지역 사람들이 서로 의사소통하기 위해서 주고받던 말을 글자라는 형태로 기술하면서 발전했다. 즉, 말로 하는 구술로서의 언어가 먼저 있었고 그 말을 받아 적고 읽기 위해서 서술로서의 언어가 생겨난 것이다.

　언어를 기술하는 방식은 크게 두 가지로 나뉜다. 첫째는 표현하고자 하는 대상을 마치 그림 그리듯이 그려내는 문자 방식으로 우리가 흔히 상형문자라고 부르는 것이다. 상형문자를 기반으로 진화해온 언어 가운데 대표적인 것이 우리가 한글을 쓰면서도 병행하고 있는 한자다. 물론 고대 이집트 언어도 상형문자에 속한다. 학창 시절에 고대 이집트에 대한 공부를 하면서 파라오의 무덤 벽면에 그려진 그림들을 보고는 했는데 사실 그 그림을 처음 보았을 때는 문자라는 생각을 못했다.

표의문자表意文字, ideogram는 뜻을 전달하는 글자이기는 하지만 사물의 모양을 흉내 내어 나타낸 글자를 말하기도 한다. 뜻글자라고도 부르는데 그림문자에서 발전해서 생겼다고 한다. 그림문자와 상형문자의 가장 큰 차이는 문자가 낱말에 결합하는지 아닌지에 있다. 그림문자는 상형문자와 표의문자의 틀이 되는 형태이며 이들 용어 간 학문적 구분과 차이는 있겠지만 이 부분은 책의 내용과 크게 관계가 없으므로 넘어가도록 하겠다.

이집트 상형문자의 예시

출처 : http://notes.orangecatblues.com/wp/egyptian-for-kids-lesson-3-bad-talk-and-baby/

이집트의 상형문자는 약 700개에 달하는 그림문자를 통해 주요 동식물과 인체 부위 또는 사물 등을 기술했다. 그리고 이집트 사람들의 표현 방식에 입각해서 문자를 만들었다. [예를 들어 이집트의 상형문자를 통한 표현 중에서 '나쁘다'라는 단어에는 참새 그림이 꼭 들어가는데 그것은 당시 이집트 사람들이 참새를 흉조로 생각했기 때문(《조선닷컴》, 이집트 상형문자 전문가 강주현 씨 인터뷰에서 인용)]이라고 한다. 이처럼 언어란 자연스럽게 그 언어를 사용하는 사람들이 가지고 있는 공통적인 생각을 반영하게 되어 있다. 아마도 참새 역시 이집트 사회에서는 어떤 계기로 인해 좋지 않은 의미로 사용되었을 것이며 이런 점이 언어에도 반영되었을 것이다. 이런 사실을 반대로 생각해보면 우리가 과거 이집트 사람들이 참새를 흉조로 여겼다는 것을 알고 있지 못하다면 이집트 상형문자의 의미를 이해하기 어려울 수밖에 없다. 그래서 어원을 이해하는 것은 언어를 연구하는 분야에서 매우 중요하고 필요한 부분이다.

상형문자는 마치 그림처럼 형상을 그려놓은 문자다. 매우 직관적으로 형상을 옮겨놓은 덕분에 본래 그 뜻을 모르더라도 비슷하게 의미를 유추해낼 수 있는 편이다. 상형문자 가운데 지금까지 가장 널리 사용하고 있는 한자를 예로 들어보자. 사람을 뜻하는 글자인 '사람 인人'은 사람이 서 있는 형상, 또는 두 사람이 서로를 받치고 있는 형상인 것으로 알려졌다. 즉, 한자 문화권에서 살고 있는 사람들이 공유한 사람의 특징은 직립 또는 상호 공존이었다. '나무 목木' 자는 나무 한 그루가 서 있는 형상을 토대로 만들어진 글자로서 나무의 몸통과 줄기 그리고 뿌리의 모습을 문자에서 그대로 볼 수 있다.

여기서 재미있는 사실은 '나무 목' 자에 '사람 인' 자를 붙이면 나무 옆에 사람이 서 있는 형상이 되어 휴식을 취하는 '쉴 휴休' 자가 만들어진다는 것이다. 이미 의미를 얻은 두 개의 단어가 합쳐져 또 하나의 의미를 창조한 것이다. 아마 한자어를 사용하는 문화권에서 휴식이 가지는 의미는 '나무 옆에 기대어 쉬는 것'이 보편적이었을 것이다. 단어와 단어가 만나 새로운 단어가 태어날 때는 반드시 이렇게 작은 이야기가 숨어 있다. 단어들은 일련의 과정을 통해 그 의미를 조금씩 변화시키거나 분화시키고, 우리는 그 단어 뒤에 숨어 있는 이야기를 이해함으로써 한 번 학습한 단어의 의미를 오래도록 기억할 수 있게 된다.

그런데 작은 이야기를 담고 있는 단어들이 전 인류가 보편적으로 이해하기에 어려운 종류의 것일 수도 있다. 언어란 당연히 그 언어가 발생한 지역의 특성을 동반하기 때문이다. 예를 들어 아프리카처럼 사막이 많은 지역에서 '쉬다'라는 의미의 상형문자가 만들어졌다면 어떤 모습일까? 오아시스에서 물을 마시고 있는 사람의 모습이거나 낙타 위에 앉아 있는 사람의 모습은 아니었을까. 확실한 것은 나무가 없는 지역에서 나무 아래에 기대어 쉬는 사람의 모습을 '쉬다'라는 뜻으로 쓰면서 의사소통을 했을 리는 없다는 점이다.

단어의 의미 확장도 마찬가지다. '나무 목'은 동일한 글자 두 개가 모이면 수풀을 뜻하는 '수풀 림林'이 된다. 그리고 세 개가 모이면 같은 수풀이라는 뜻이기는 하나 '수풀 삼森'이 된다. 그런데 '수풀 삼'이라는 글자는 '수풀'이라는 뜻 말고 '빽빽하다'라는 뜻도 가지고 있다. 수풀의 형태적 특징인 '나무가 빽빽이 들어서 있는 모습'이 단어의 뜻으로 옮겨 가서 새로운 의미를 파생시킨 것이다. 만일 한자 공부를 하는데 이런 어원을 모르고 단순히 암기하는 방식으로 글자를 외우기만 한다면 수풀과 빽빽함의 관계, 나무에서 파생한 의미의 변화나 분화를 알지 못한 채 공부하는 셈이다. 한자에는 이런 식의 단어들이 무척 많다. '좋을 호好'는 '계집 녀' 자와 '아들 자' 자가 합쳐져 '남녀가 만나 서로 좋음'을 뜻하며, '밝을 명明'은 해와 달처럼 물리적으로 밝은 존재들의 합을 통해 '밝다'는 뜻을 가지게 되었다. '밝을 명'의 경우 '명확明確'이나 '명료明瞭' 처럼 '어떤 상황이 마치 불을 밝혀놓고 들여다보듯 깔끔하고 가려짐이 없는'으로 의미를 확장해서 쓰이고 있기도 하다. 따라서 한자를 공부할 때는 수많은 문자를 무턱대고 외우기보다 언어가 가지고 있는 근원적인 개념을 이해하는 것, 문자가 만들어진 형태와 각각의 상형문자가 지닌 기본 어원을 알고 공부하는 것이 훨씬 효율적이다.

상형문자와 달리 사람들의 말소리를 구분하여 표기하는 문자를 표음문자表音文字, phonogram라 하는데 한글이나 영어가 여기에 해당한다. 영어에서 특정 단어는 철자로는 명시되어 있지만 묵음이 이루어지거나 표기한 대로 발음하지 않는 경우도 있는데 이런 단어라 하더라도 최초에 표기한 철자는 바뀌지 않은 채 발음만 지속적으로 바뀐 경우가 많다. 그렇다면 표음문자도 상형문자처럼 단어 스스로 어원을 중심으로 작은 이야기를 담고 있을까? 상형문자와 표의문자, 표음문자는 각각 형태가 다르므로 얼마간 차이는 있겠지만 표음문자 역시 단어들 속에 사회적·문화적 특징을 내포하고 있으며 그 뜻은 최초의 어원에서 변화하거나 분화한 것이다.

우리가 사용하는 다양한 문자를 단순히 말을 옮겨 적기 위한 도구라고 여길 수도 있지만 그 안에는 그 언어를 사용해온 이들의 생활과 역사와 가치관이 그대로 담겨 있다. 결국 언어는 생각을 담아내고 표현하기 위한 도구이며 문자나 단어는 그 최소의 단위라고 할 수 있다. 그리고 그 하나하나의 문자와 단어들은 각기 다른 근원에서 파생하거나 발전해온 것들이다.

2 언어별 표현 방식의 사회적 차이

언어의 근원적 개념을 더 깊이 이해하려면 문화적 차이를 들여다볼 필요가 있다. 각 언어별 표현 방식의 차이는 그 언어를 사용하는 사회의 차이를 반영하기 때문이다. 그리고 이런 차이를 잘 보여주는 예를 서문에서 잠깐 이야기한 바 있다. 백화점을 뜻하는 단어가 가진 기본적 의미가 한국어와 영어에서 무척 다르다는 것이었다. 언어는 그 언어를 사용하는 사람들의 습관을 반영하기도 하고 사고방식을 반영하기도 한다. 그렇기 때문에 언어에 대해 공부하기 전에 그 언어를 사용하는 환경을 살펴보거나 이해하는 일은 언어 학습에 적지 않은 도움을 준다.

특정 언어의 표현 방식이 사회적 차이를 반영한다는 것은 우리말인 한국어를 보더라도 알 수 있다. 우리의 도드라진 역사적·사회적 특징은 무엇일까? 600년 역사를 가진 조선시대부터 유교를 섬기며 어른을 공경하고 자신을 낮춘다는 점, 오랜 세월을 이어온 양반계급과 사농공상士農工商 제도 등은 우리 사회에 큰 영향을 끼친 요소들이라 할 수 있을 것이다. 이런 특징은 우리의 언어에도 그대로 반영되어 나타난다. 그 결과 우리말에는 존칭에 대한 표현이 매우 발달했다. 예를 들어 '아버님, 저녁식사 하세요'와 '형, 저녁밥 먹어'는 대상만 다를 뿐 똑같이 식사를 권유하는 표현이지만 문장을 구성하는 단어의 선택에서 전혀 다르다고 할 수 있다. 먼저 영어로 'father'에 해당하는 아버지는 더 큰 존칭의 의미를 담을 때 일반적으로 사용하는 '~님'과 합쳐져 '아버님'이라는 단어로 사용이 가능하며 저녁밥은 저녁식사 또는 경우에 따라 '진지'라는 단어로 쓸 수도 있다. 이렇게 다양한 존칭 형태로 바꾸어 말할 수 있는 문장을 영어로는 오직 'Hey daddy(or brother), let's have a dinner'라는 문장으로만 표현할 수 있다. 영어에는 손윗사람이나 상사, 선배를 대상으로 하는 문장이라 하더라도 별도의 존칭어 표현이 발달하지 않았기 때문이다. 영어는 이런 면에서 지극히 수평적이고 평등함을 반영하고 있는 언어이기도 하다. 게다가 복잡한 존댓말이라는 한국어의 특성을 외국인들이 한국어를 배울 때 가장 학습하기 어려운 점으로 꼽기도 한다. 한국어 높임말은 심지어 말하는 화자를 높이는 경우와 말을 듣는 청자를 높이는 경우로도 나눌 수 있으니 어쩌면 당연한 반응일 것이다.

한국어가 가진 고유의 특징은 또 있다. 최근 들어 우리나라에도 많은 이민자들이 들어오고 있는데 아직까지 대한민국은 단일 민족국가라는 표현이 어울리는 나라다. 그리고 아주 오래 전부터 단일민족이라는 특징과 한민족의 하나 됨을 강조하다 보니 다양한 부분에서 '나'보다 '우리'라는 표현을 즐겨 사용하곤 한다. 예를 들어 우리나라 사람들은 나라나 학교, 회사를 표현할 때 '우리나라', '우리 학교', '우리 회사'라고 하는데 영어에서는 하나같이 'my country', 'my school', 'my company'다. 나를 중심으로 하는 언어의 범위는 소유격 표현뿐만 아니라 행동을 표현하는 요소에도 녹아 있다. '전화를 받다'라는 표현만 봐도 한국어로는 '(상대방의) 전화를 받다'라고 하는데 비해서 영어로는 '내 전화기를 들다(Pick up the phone)'라고 한다. 관점에 따라 나를 중심으로 하는 표현 방식과 남을 중심으로 하는 표현 방식이 있다는 것을 알 수 있다.

이처럼 언어는 국가와 지역에 따라 다르게 탄생해 발전해가는 하나의 규범이다. 국가마다 다르게 생겨나 서로 다른 방향으로 뻗어나가는 언어의 특징을 모른 채로 그냥 말을 구사하는 것만으로 언어를 잘한다고는 할 수 없다. 우리는 흔히 외국인들이 처음 한국어를 배우고 자기식으로 구사하는 '내 나라는 미국입니다. 나는 내 회사에서 보내져 한국에 왔습니다'라는 말을 들으면 어색함을 느낀다. 무슨 뜻인지 이해는 하지만 표현 방식이 우리 문화와 맞지 않고 부자연스러워서 그렇다.

표현의 범위 역시 각 언어별로 크게 다르다. 예를 들어 우리나라 사람들은 '수고했다'는 말을 매우 광범위하게 사용하는데 실제로 큰 수고를 하지 않은 경우에도 인사치레로 '수고하셨다'고 말하곤 한다. 회사에서 근무하다 보면 회의를 마치고 일어서는 순간, 퇴근할 때, 외출에서 돌아왔을 때 '수고하셨습니다'라는 인사를 듣기도 하고 건네기도 한다. 전자메일을 보낼 때도 맨 마지막 줄에는 '그럼, 수고하세요'나 '수고하시기 바랍니다' 같은 문구를 습관적으로 넣는다. 그런데 바로 옆 나라인 중국 사람들은 '수고하다'라는 표현을 진짜로 수고한 경우에만 쓰는 편이다. 중국 사람들은 한국처럼 가벼운 인사 수준으로 '수고했다'는 표현을 하지 않는 것이다. 그런가 하면 한국이나 중국은 실생활에서 '미안하다'는 표현을 자주 쓰지 않는 반면 일본은 '미안하다'는 표현을 일상적으로 사용한다. 조금만 관심이 있는 사람이라면 일본인들이 하루에도 몇 번씩 '고멘나사이ごめんなさい'와 '스미마셍すみません'을 외치는 모습을 보았을 것이다. 이처럼 언어 습관에는 민족적 특성이 깊숙이 배어 있다.

언어가 보여주는 표현 방식의 차이는 단어 형태의 결합이나 파생에서도 나타난다. 〈이상하고 신기한 것이 많은 한국不思議がいっぱい韓國〉이란 책을 펴낸 일본인 나카노 요코中野葉子 씨는 한국어의 특징을 이야기하면서 개별 명사의 결합이 인상적이라고 했다. 예를 들어 사람의 감정을 표현하는 데 주로 쓰이는 '절정'이라는 단어를 벚꽃이 활짝 필 때 사용한다든지 '남은 천 조각'과 '시간'이란 개별 명사를 결합해 '자투리 시간'이

라는 표현을 만들어낸 부분에 깊은 감명을 받았다고 한다. 그래서 배울수록 재미있는 어휘와 표현이 많은 한국어에 매료당해 한국어를 더 열심히 공부하게 되었다고 밝혔다.

영어에도 영어만이 가진 특성을 품은 어휘나 표현이 있다. 영어는 라틴어를 토대로 하며 언어가 발전하는 과정에서 종교와 문화 등 다양한 사회적 요소의 영향을 받았다. '갤러리gallery'라 부르는 단어를 예로 들어보자. '갤러리'는 '갈릴리galilee'에서 비롯한 말로 '갈릴리'는 팔레스타인 북쪽 끝에 있는 지역의 이름이다. 원래 거기서는 '교회의 현관'을 뜻하는 말이었다. 그러다 이 단어가 널리 쓰이기 시작하면서 교회와 관련한 '회랑', '복도'를 뜻하게 되었고, 그것이 일반화하면서 '길이가 긴 공간'으로 발전했다. 그리고 다시 길이가 긴 공간 안에 '전시품을 진열하고 관람하는 장소'를 의미하는 일반명사로서의 뜻을 가지기에 이르렀다. 또 하나의 예로 우리는 흔히 '봄'을 뜻하는 'spring'을 '용수철'이라는 개념으로만 알고 있는데 'spring'은 원래 '솟아나다'라는 어원을 토대로 '땅속에서 솟아나는 생명의 기운'을 '봄'이라는 계절과 연결해서 표현하게 된 단어다.

언어는 또 각 언어별로 표현력의 범위가 다른데 우리말은 특히 색을 표현하는 데 뛰어나다. 파란색을 표현할 때만 해도 파랗다, 푸르다, 퍼렇다, 푸르뎅뎅하다 등으로 조금씩 어감을 다르게 쓰는 것이 가능하다. 노란색을 이야기할 때도 노랗다, 누렇다, 샛노랗다, 노르스름하다, 누리끼리하다 등으로 세분해서 표현할 수 있다. 한데 영어에서는 단지

'blue'와 'yellow'다. 물론 'deep'이니 'light' 같은 형용사를 추가해서 표현의 깊이를 도울 수는 있겠지만 '푸르뎅뎅하다'거나 '누리끼리하다'라고 표현하기는 어렵고 '누르스름하다'와 '누렇다'의 차이를 간단히 설명하기도 만만치 않다. 우리말은 색을 표현할 때 하나의 단어가 색의 명도와 채도를 다 드러내줄 뿐만 아니라 색의 오래됨과 변질 상태, 그 색을 보고 받는 느낌까지 모두 담아낼 수 있다.

물론 영어가 더 풍부함을 보여주는 단어들도 있다. 우리말로 '귀엽다' 또는 '예쁘다'에 해당하는 말이 영어에는 'pretty', 'nice', 'charming', 'sweet', 'lovely', 'cute', 'beautiful', 'adorable' 등 다양하다. 이 단어들의 경우 영어에는 그 대상이 어떻게 예쁜지, 왜 예쁘다고 생각하는지를 담고 있다. 'pretty'는 정말 외관이 예쁠 때, 'sweet'는 대상과의 관계가 친절하거나 아름다운 것으로 외모와는 거리가 좀 있을 때, 'adorable'은 절대적으로 예쁘지는 않지만 사랑스럽게 귀엽거나 관심을 가지게 할 때 쓰인다.

표현 범위의 차이는 적절한 단어 선택에 영향을 미친다. 간단한 예로 우리는 옷을 오래 입어서 색상이 변질되었거나 염색 상태로 인해 특이하게 보이는 경우에는 '옷이 누렇다'거나 '옷이 누리끼리하다'라는 표현을 사용한다. 단순히 현상에 대한 사실을 전달하기 위한 용도일 때는 '옷이 노랗다'고 할 수도 있겠지만 '노랗다'는 것은 전체 색상이 노란 경우에만 사용하지 염색의 상태를 말하거나 오염이나 변색을 의미할 때는 쓰지 않는다. 결론적으로 언어는 상황을 알고 그에 걸맞은 단어를 선택했을 때 가장 자연스럽고 올바르게 구사할 수 있게 된다. 그리고 그 중심에는 언어가 지닌 사회적이고 문화적인 차이 그리고 그에 따라 형성된 내막, 즉 어원이 자리 잡고 있다.

단어의 구성과 어원

결국 문자가 가지고 있는 기본적인 특성은 언어가 발전해온 과정을 담고 있고 그 상당수는 문화적 차이를 반영하고 있다. 이로써 우리가 알 수 있는 것은 영어단어를 공부하는 데 어원이 아주 중요하다는 사실이다. 그럼에도 단어의 어원은 그 중요성에 비해 언어 교육의 중심에 서 있지 못한 것이 지금의 현실이다. 물론 지금까지도 어원에 대한 이해가 전혀 없는 상태에서 영어 공부를 한 것은 아니지만 지극히 지엽적인 인식에 지나지 않았다.

영어는 그 언어적 특성으로 인해 접두어와 접미어가 유난히 발달해 있으며 덕분에 접두어와 접미어의 어원을 통해 영어단어를 쉽게 암기하려는 노력들이 있어 왔다. 접두어에 대한 부분은 앞에서도 잠깐 언급한 적이 있는데 예를 들어 'micro'라는 접두어와 함께 쓰이는 단어들은 대부분 '미세하다'라는 뜻을 가지고 있다. 'microphone'의 경우는 '미세하다'의 'micro'와 소리를 전달하는 기기를 뜻하는 'phone'이 만나 '미세한 소리를 전달하는 기기'인 '마이크'를 뜻하게 되었고, 'microscope'도 '작고 미세하다'는 의미의 'micro'와 '무언가를 관찰할 때 사용하는 기기'의 'scope'가 만나 '현미경'으로 발전했다. 'scope'의 경우는 접두어 'tele'와 합쳐지면 '망원경'을 뜻하는 'telescope'가 되기도 한다. 'tele'는 'telephone'이나 'television'처럼 우리가 널리 사용하는 단어에 쓰이는 접두어로서 '멀리에서 전달되는 소리나 영상을 전달하는 기기'라는 뜻을 가지고 있다. 'micro'나 'tele' 같은 접두어 말고도 영어에는 'con'이나 'com'처럼 자주 쓰이는 접두어들이 매우 많다. 모두 'together', 즉 '함께'라는 의미로 쓰인다.

접두어만큼 접미어도 어원을 이해하기 쉬운 품사다. 접미어 역시 우리가 익숙하게 알고 있는 유형들이 많다. 가령 '~able'은 '~이 가능하다'는 의미로 'capable'이나 'acceptable' 또는 'tangible' 같은 단어들이 이를 필요로 한다. '무언가 가득 차 있는' 상황을 의미하는 '~ful'로 끝나는 'careful'이나 'hopeful' 같은 단어도 있고, '부족하다'거나 '없다'를 표현할 때 쓰는 '~less'를 담은 'faultless'도 있다. '~less'는 '가격'을 뜻하는 'price'와 합쳐지면 '가격을 매길 수 없다'는 의미로 옮겨가기도 한다. 영어단어는 이처럼 단어의 어원과 구조의 결합으로 다양한 의미를 만들어내곤 한다.

이 구조를 더 자세히 이해하기 위해 라틴어 어원을 통해 발생한 단어들을 살펴보자. '오디오audio'라는 단어가 있다. 우리말 사전에는 '사람이 들을 수 있는 음역 내의 음파 및 그것을 변환한 전기신호를 다루는 시스템'이라고 나와 있다. 우리는 옛날에 집에서 사용하던 축음기를 비롯해 가정용 CD플레이어나 기타 음악 재생용 컴포넌트를 다 오디오라 불렀다. 그런데 우리가 일상적으로 음악을 재생하기 위한 기기의 통칭으로 사용해온 그 'audio'의 사전적 의미는 형용사로서 '녹음의'라는 뜻이다. 즉, 음을 '저장'하는 것과 관련한 의미를 가지고 있는 것이다.

'audio'는 라틴어 'audire'를 어원으로 한다. 'to hear', 듣는 행동과 관련한 'audire'에서 파생한 'audio'가 자연스럽게 '듣는 행동' 또는 '소리'와 관련한 뜻을 물려받은 것이다. 그런데 'audire'에서 파생한 단어들은 단순히 듣는 행동 쪽으로만 의미가 발전하지는 않았다. 그 일부는 회계감사와 관련한 'audit'라는 단어로 분화했다. 이러한 의미 분화는 타인의 상태를 보고 듣는 관점으로 이루어지는 '검열'이나 '감사'의 특징이 반영된 것으로 유추할 수 있다. 결국 우리가 음악을 듣기 위해 사용하는 전자기기인 오디오와 회계감사는 표면적으로는 아무 관계가 없는 것처럼 보이지만 그 어원을 따라가면 공통점을 찾아낼 수 있다는 것이다. '객석'이나 '강당'을 뜻하는 'auditorium'도 마찬가지다. 소리가 들리는 장소'를 뜻하는 'auditorium'이 '듣다'라는 뜻을 가지고 있는 'audire'를 어원으로 한다는 것을 모른다면 'audio'나 'audit'와 전혀 상관없는 하나의 단어로 인식할 수밖에 없다. 하나의 단어가 분화

(파생)와 변화(진화)를 통해 발전해간다는 것은 명백한 사실이다.

앞에서 잠깐 언급한 'spring'도 그렇다. '솟아나다'라는 어원을 중심으로 누르면 스스로 튀어 오르는 '용수철'과 새 생명이 솟아오르는 '봄'으로 파생했다가 '용수철'은 다시 그 물리적 특성으로서 인해 '탄성'이나 '탄력'이라는 표현의 범위로 확장했다. 외형적 의미만 가지고는 '탄성'과 '봄'에서 공통점을 찾아내기란 불가능한 일이다.

우리는 이제 동일한 어원에서 출발한 영어단어들을 서로 다른 단어로 인식해 그 뜻을 순차적으로 암기하는 방식에서 벗어나야 한다. 하나의 영어단어와 하나의 한국어 의미를 맵핑시키는 형태를 버려야 한다. 앞으로 영어 공부는 단어의 어원을 중심으로 여러 개의 한국어 의미와 매치시키는 구조를 부각시키며 진행할 필요가 있다. 어원을 중심으로 하는 교육법, 접두어와 접미어의 역할, 사회·문화적 영향이 언어에 미친 결과들을 찾으면서 공부하려는 자세가 필요하다. 언어는 결코 수학처럼 하나의 문제에 하나의 공식과 답이 있는 영역이 아니다. 이 사실을 잊지 말았으면 좋겠다.

의미나무 이론 Meaning Tree Theory

지금까지 살펴본 단어의 분화와 변화 현상을 한눈에 정리하는 방법은 없을까? 이런 고민을 하다가 착안해낸 것이 바로 의미나무Meaning Tree다. 먼저 영어단어는 어원을 토대로 다양한 분화와 변화가 복잡하게 이루어지므로 이 형태를 구조화하는 작업이 필요하다고 보았다. 그래서 어원이라는 뿌리에서 출발해 각각 다른 의미 단위로 쪼개지다가 다시 구체적이고 개별적인 뜻으로 뻗어나가는 단어의 의미 구조를 시각화해보았다. 그랬더니 마치 나무의 모습과 비슷했다.

의미나무의 구조를 통해 단어를 분석하는 과정은 다음과 같은 전제 아래 진행했다. 먼저 다양한 영어단어의 의미는 영한사전에 나와 있는 뜻풀이를 기초로 했다. 즉, 이미 사전적으로 정의가 내려진 검증된 내용을 토대로 단어 분석을 하는 것이다. 여기에 하나의 단어가 가지는 다양한 의미는 그 어원을 정의하기 위해 어원사전을 참고했다. 또 우리말로 옮겨진 의미가 명확하지 않은 경우에는 영영사전을 통해 단어가 가지고 있는 본연적 의미를 파악해 그 뜻을 명확히 전달하려고 애썼다.

시작은 '뿌리의미root meaning'다. 뿌리의미는 어원을 뜻한다. 'gallery'는 'galilee'라는 지역 명칭이 뿌리의미였으며 'spring'은 '솟아나다' 또는 '튀어오르다'가 뿌리의미였다. 뿌리의미는 대체로 현재 그 단어가 쓰이는 보편적 의미와 크게 다른 뜻을 가지고 있는 경우가 많다. 예를 들어 우리가 익히 '반지'를 뜻하는 영어단어로 알고 있는 'ring'은 '반지' 말고도 '권투경기장'이라는 뜻을 가지고 있다. 원래는 반지의 둥근 형태를 토대로 '원형경기장'을 뜻하던 단어가 일반적인 경기장을 표현하는 데까지 쓰이면서 의미를 확장한 것이다. 그 결과 원형과 전혀 상관없는 사각의 '권투경기장'에도 'ring'이라는 표현을 쓰게 되었다. '사각의 링에서 펼치는 한판 승부'라는 표현을 듣기에 이른 것이다. 실제로 과거에는 '권투경기장'이 사각형이 아닌 원형이었는데 사물의 형태가 바뀐 것과 달리 이를 지칭하는 단어가 바뀌지 않아서 생긴 현상이라고 할 수 있다. 지금은 'ring'의 '둥글다'는 뿌리의미를 '권투경기장'이라는 단어 어디에서도 찾아볼 수 없다.

'gallery'와 'ring'은 이처럼 어원의 유래와는 서로 다른 의미의 확장을 불러왔다. 여기서 우리가 분명히 알 수 있는 것은 하나의 단어가 가지는 여러 의미는 같은 뿌리의미에서 파생해 분화해나간다는 사실이다. 뿌리의미는 말 그대로 단어의 '기원origin'을 알려주는 뿌리 그 자체이며 파생한 의미들에 영향을 주는 존재다. 그리고 이렇게 뿌리의미에서 단어의 의미가 확장해 나아가기 시작하면 마치 나무의 가지나 이파리가 서로 다른 방향으로 뻗어나가는 것과 같은 모습이 된다. 뿌리의미에서 확장한 부분을 '의미가지meaning branch'라고 한다면 단어가 마지막으로 안착한 의미는 '잎새의미leaf meaning'라 할 수 있을 것이다. 뿌리의미와 의미가지와 잎새의미가 모여서 나무 한 그루를 이루는 의미나무가 된다.

의미나무라는 도구를 통해서 우리가 가장 크게 얻을 수 있는 것은 하나의 단어가 가지고 있는 의미를 특정 상황에 국한해서 이해하지 않고 전반적으로 두루 이해함으로써 다른 여러 상황에서도 적절하게 사용할 수 있다는 점이다. 의미나무라는 도구의 활용이 단어의 표면적 의미를 넘어서 그 저변에 있는 '심층적 의미vessel meaning'를 이해하고 활용할 수 있도록 돕는 것이다. 이런 노력을 통해 우리는 영어를 구사하는 능력을 생각보다 쉽게 개선할 수 있다. 심층적 의미를 알고 있는 것만으로도 훨씬 자연스러운 표현이 가능해지기 때문이다.

'about'이라는 전치사를 예로 들어보자. 'about'은 시간과도 쓰이고 장소와도 쓰이며 이밖에도 사용 범위가 매우 넓은 단어인 만큼 단어가 가지고 있는 표면적인 의미를 다 외우기는 힘들다. 하지만 그 대상이 무엇이든 간에 '~의 주변'이라는 뿌리의미를 이해하고 있다면 'The cholera is about'이라고 할 때 쓰인 'about'과 'It's about time~'처럼 '시간이 가까워져(주변에 다가와) ~을 해야 할 때다'라는 문장을 모두 자연스럽게 해석할 수 있게 된다. 게다가 'The cholera is about'이라는 문장은 꼭 '콜레라가 주변에 퍼져 있다'가 아니더라도 '콜레라가 만연해 있다'처럼 더 자연스러운 해석이나 작문을 하는 것이 가능해진다. 결국 어원에 대한 이해는 알맞은 단어의 선택과 직결한다고 할 수 있다.

의미가지는 하나의 영어단어에 대응하는 우리말의 유사한 의미들이 마치 하나의 기둥에서 갈라져 나가는 나뭇가지처럼 각각의 작은 의미 그룹으로 나누어지는 모습을 보여준다. 예를 들어 'screen'은 크게 '걸러내다'라는 의미 그룹과 '막다'라는 의미 그룹 그리고 '영화와 관련한' 의미 그룹으로 나누어진다. 이 가운데 '걸러내다'는 다시 '방충망'을 시작으로 '체', '거르다', '선별하다' 같은 의미들로 확장해나간다. 의미가지는 한마디로 유사의미의 뭉치인 셈이다. 그리고 의미가지의 끝에 최종적으로 단어의 표면적 의미를 나타내는 잎새의미가 놓인다. 물론 뿌리의미나 의미가지 또는 잎새의미 같은 용어들을 외울 필요는 없다. 단어들의 의미가 시작되는 뿌리의미가 있고 여기서 가지의미들이 뻗어나가며 그 끝에 잎새의미들이 달린다는 개념만 이해한다면 그걸로 충분하다. 겉으로 드러나는 표면적 의미가 있고 그 의미의 저변에 심층적 의미가 있는데 표면적 의미에 매달리지 말고 심층적 의미를 이해하려고 애쓰다 보면 자연스럽게 표면적 의미들이 연결되어 있다는 사실을 알게 된다는 것이다. 하나의 의미가 그것을 바라보는 사람들의 관점에 따라 다양하게 분화하고 분화한 의미가 관련 의미로 변화하면서 확장해나간다는 것이 '의미나무 이론'의 핵심인 셈이다. 물론 그동안 어원을 통해 영어를 학습하는 방법이 소개되지 않은 것은 아니다. 다만 그들 대부분이 영어단어가 가지고 있는 어원에서 파생한 수많은 의미들 간의 연결고리를 알려주기보다 그 가운데 하나의 의미를 쉽게 이해시키는 데 집중했다. 즉, 어원의 개념이 보여줄 수 있는 폭넓고 깊은 학습 효과를 일부분만 알려주고 말았다고 생각한다. 이런 점에서도 의미나무는 충분히 경쟁력 있는 학습 이론이자 구체적인 학습 방법으로서 앞으로 기여할 여지가 있다고 자부한다.

Chapter 3
의미나무 사례들

1. 'eat'는 '먹다'가 아니다
2. 지역적·문화적 영향을 받은 단어
3. 사물과 행위 개념의 직접적인 연결
4. 개념의 다단계적 의미 확장
5. 의미의 영역이 넓어진 단어들

'eat'는 '먹다'가 아니다

　요즘 우리나라에서 인기가 있는 외국인들은 대부분 한국어를 잘하는 편이다. 호감을 주는 인상과 말투에 우리말까지 능숙하게 하니 여러 예능 프로그램을 중심으로 텔레비전에 출연하면서 인기가 올라가고 있다. 그 가운데서도 독보적인 존재가 바로 타일러 라쉬Tyler Rasch가 아닐까 싶다. 그는 처음 자신의 존재감을 알린 jtbc 〈비정상회담〉을 시작으로 〈비정상회담〉의 형제 격인 〈내 친구의 집은 어디인가〉에 출연했고, KBS 〈시간여행자〉, tvN 〈뇌섹시대 - 문제적 남자〉까지 각 방송국을 누비며 활약하고 있다. 그는 매우 총명한 이미지에 겸손하고 착해 보이는 인상과 행동으로 시청자들의 마음을 사로잡고 있다. 이런 그를 다른 외국인 출연자들과는 확연히 달라 보이게 만드는 결정적 차이점이 하나 있으니 바로 깊이 있는 한국어 단어 선택과 풍부한 어휘력일

Chapter 3_의미나무 사례들　79

것이다. 그는 한국 사람이 듣기에도 깜짝 놀랄 만큼 정확한 한국어를 구사함으로써 그보다 훨씬 오랜 기간 한국에 거주한 외국인들을 머쓱하게 만들기도 한다. 그의 한국어는 단순히 자신의 의사를 표현하는 수준을 넘어 정말 한국 사람처럼 말하고 표현하는 것을 목적으로 공부했다는 느낌을 준다. 심지어 가끔 그의 입에서 흘러나오는 문구를 눈을 감고 듣고 있으면 외국인이 말했다는 것을 모를 만큼 훌륭하다.

우리가 타일러의 사례를 깊이 있게 살펴보아야 하는 이유는 그가 언어를 공부하는 데 자신만의 노하우를 가지고 있기 때문이다. 그는 한국에 오기 전 미국에서 명문인 시카고대학교 국제학부를 다녔다. 그리고 프랑스어, 포르투갈어, 스페인어 등을 공부했다. 어떤 사람이 다양한 언어에 익숙하다는 사실은 언어를 효과적으로 공부하는 방법을 알고 있다는 것을 증명해주는 일이기도 하다. 그는 일종의 언어 능력자이며 그가 다양한 언어를 구사하는 모습은 강렬한 인상을 남긴다. 그가 출연하는 〈뇌섹시대 - 문제적 남자〉를 보면 출연자들이 풀어야 하는 문제를 중간에 한국어나 영어가 아닌 언어로 설명하는 경우가 있는데 이 장면에서 모든 출연진은 타일러 라쉬의 해석을 기다리고 있다. 타일러 라쉬의 언어적 능력 뒤에는 오스트리아 이민자인 아버지, 포르투갈계 미국인인 어머니의 영향을 어느 정도 받았을 거라고 예측해볼 수 있다. 하지만 그보다 더 중요한 것은 그가 언어를 문화적으로 받아들이고 있으며 상황에 적합한 어휘를 사용하려고 문장을 구조적으로 이해하려는 노력을 한다는 점일 것이다. 타일러 라쉬는 한국어를 배우기 이

전에 중국어를 배웠다고 하는데 단순히 언어 학습에 집중하기보다 자국인도 읽기 힘들다는 〈맹자〉를 읽었다고 밝힌 바 있다. 이런 점에서도 타일러는 동양의 언어를 배우는 다른 외국인들과 다른 면모를 보여준다. 언어를 글자 그대로 이해하고 외우기보다 언어의 이면에 담겨 있는 배경을 살피며 습득하는 자세가 결국 언어 능력의 차이로 이어졌을 것이다. 타일러는 한국어를 배우는 과정에서도 영어와 어순이 다르다는 점과 '은/는/이/가' 같은 형태의 교착어에 흥미를 느꼈다고 한다. 교착어를 일방적으로 암기하지 않고 앞에 붙는 단어와의 관계나 구조에 관심을 가진 것이다. 이러한 언어적 감각과 관심은 '관상' 같은 지극히 한국적인 문화를 기반으로 하는 단어를 이해하는 데도 큰 도움을 주었을 것이다. 2014년 광복절에 그가 자신의 인스타그램에 올렸던 글은 지금까지 본 외국인의 글 가운데서 가장 인상적이었기에 소개해본다.

> 많은 분들에게 오늘은 이른 아침에 힘겹게 몸을 침대에서 떼어내어 회사나 학원으로 실어 보내는 일을 드디어 하루라도 그만 할 수 있는 빨간 날이겠다.
> 물론 개인의 자유를 되찾는다는 점에서 그것도 일종의 광복이 아닐까.
> 이렇게 되찾은 일상의 여유를 가지고 생각해본다.
> 광복절은 나에게 어떤 날인가?
> 광복절은 2차 세계대전이 종전을 봄으로써 1945년 8월 중순에

일제강점기가 끝나면서 한국의 자주 독립이 회복되는 날이자 현대인들이 너무나 당연하게 생각하는 자주적 권리와 자유를 도로 찾은 날이기도 하다.

나는 한국인이 아니지만 한국에서 살고 있는 하나의 개인으로서 나에게도 광복절이 그런 것 같다.

같은 겨레도 아니고 같은 국적도 아니지만 나와 같은 외국인을 포함해서 이 땅에서 숨 쉬고 생활하고 있는 만인, 한글을 좋아하는 사람, 한국말을 배우고 있거나 일상에서 쓰는 사람, 한국의 어떤 것을 사랑하고 소중히 여기는 사람, 한국과 조금이라도 인연이 있고 그 인연을 간직하는 모든 이들에게 광복절은 그런 것 같다.

즐기고 즐기다가 어느덧 당연하게 여기게 된, 너무나 귀한 한국의 모든 것들을 다시 고맙게 여기고 간직하게 해주는 자유.

한국 어딘가에서 발을 처음 딛고 있는 외국인, 해외에서 한국을 마음속 깊이 품고 있는 동포, 모든 이들에게 광복절은 그런 날이 아닐까?

2014년에 69주년 광복절을 즐겁고 건강하게 보내시기를 바랍니다.

타일러 라쉬의 인스타그램에서

이 글을 보면 외국인이 쓰기에는 어려운 단어나 표현이 곳곳에 있다. '그것도 일종의 광복이 아닐까'라는 부분에서는 의문사형 문장으로 강조하는 어법을 구사하고 있으며 전쟁이 끝났음을 의미하는 '종전'이라는 표현을 사용했고 '겨레'니 '동포' 같은 유의어를 올바르게 쓰고 있다. 정말 놀라지 않을 수 없다. 실제로 타일러 라쉬의 한국어 실력은 글뿐만 아니라 방송 출연자들과 주고받는 대화에서도 잘 드러난다. 〈비정상회담〉이라는 프로그램은 토크쇼 같은 형식으로 구성되므로 거기에 출연하는 외국인들은 대체로 한국어를 잘하는 편이지만 그 가운데서도 타일러의 한국어는 단연 군계일학이다. 하지만 그런 그에게도 한국어는 어쩔 수 없는 외국어인가 보다. 그가 외국인의 관점으로 느낀 한국어의 어려움에 대한 글을 중앙일보에 기고한 적이 있다. 이 글을 통해 우리는 한국어를 그렇게 잘하는 그에게조차 외국어란 얼마나 어려운 일인지를 짐작해볼 수 있다.

> **[타일러 라쉬의 비정상의 눈]**
> **떡국·나이·친구까지 '먹는다'라는 한국말**
> 한국에서 가장 많이 듣는 질문의 하나가 '한국 음식이 입에 맞느냐', '너무 맵지 않으냐'는 것이다. 한국에 사는 미국인이기 때문일 것이다. 그런데 정작 힘든 것은 먹는 음식이 아니라 '먹는다'라는 말 자체다. 이 단어는 쓰임새가 너무 넓어 이해하기가 힘든 경우가 많다. 예를 들어 설날이 되면 떡국만 먹는 게 아니

> 라 한 살을 더 먹기도 한다. 그래서 떡국을 먹으면 이마에 주름이 생길까 봐 겁을 먹기도 했다. 주름이 진짜로 하나 더 새겨진 것을 발견했을 때는 '충격을 먹기도' 했다. 심지어 사람들과 사귀면서 '친구 먹는다'라는 말도 들었다. '먹다'라는 단어의 용도만 봐도 한국말이 얼마나 어려운지 알 수 있다.
>
> 중앙일보 2014. 12. 11. 00:08

　이런 문제는 왜 발생하는 것일까? 우리말 '먹다'는 그 단어를 계속 사용해온 대한민국 사람들은 잘 모르겠지만 외국인이 볼 때는 정말 다양한 의미로 쓰인다고 할 수밖에 없을 것이다. '먹다'를 분석해보면 가장 기본이 되는 뜻은 '몸이나 정신의 영역으로 어떤 것이 들어오다'이다. '바지를 먹다'라는 표현은 '음식을 먹다'와는 전혀 상관이 없지만 '바지가 엉덩이 사이로 들어왔다'라는 점에서 의미의 동질성이 있으며 '친구를 먹다'라는 표현도 영어로 직역을 하면 외국인에게는 이상하게 들리겠지만 우리말에서는 근본적으로 '어떤 사람을 친구라는 영역으로 들어오게 했다'라는 의미가 될 수 있다.

　한 단어가 여러 개의 의미로 확장해서 쓰이는 다의어 문제는 우리말뿐만 아니라 영어에서도 나타난다. 그렇다면 왜 타일러 라쉬는 이렇게 확장한 의미들을 이해하는 것을 어렵게 느꼈을까? 타일러 라쉬는 이미 영어를 모국어로 먼저 배운 사람이다. 그의 머릿속에는 영어의 언어 구조와 영어권 문화에 대한 정보가 가득 차 있다. 이런 상황에서 우리말을 배우면 자신이 구사하는 한국어를 영어의 관점으로 볼 수밖에 없어진다. 그런데 우리말과 달리 영어에서는 'eat'라는 동사로 '친구를 먹다'라든가 '충격을 먹다'라고 표현하지 않는다. 예를 들어 외국에서 'I ate a couple of friends yesterday'라는 문장을 구사한다면 아마 경찰서에 잡혀갈지도 모른다. 타일러 라쉬에게도 그런 어려움이 있었을 것이다. 그가 처음 우리말로 '먹다'를 배울 때는 'eat'라는 단어와 동일한 뜻이라고 받아들였을 것이다. 그러니 '음식을 먹다' 같은 말은 별 문제없이 이해할 수 있었을 것이다. 그런데 시간이 흘러 더 많은 낱말을 접하게 되면서 '먹다'라는 단어에 다양한 쓰임새가 있다는 사실을 알게 되었고 그 표현들이 자신이 기존에 알고 있던 'eat'의 개념으로는 설명이 되지 않는다는 사실을 깨닫고 의아해했을 것이다.

그러면 영어의 'eat'는 어떤 의미로 쓰이고 있을까? 크게 네 가지 방향으로 의미가 확장하며 확장한 의미들은 각각 최초의 어원에 해당하는 의미와 특정한 관련성을 맺고 있다. 영어는 어떤 점에서 우리말보다 분석적인 경향이 강하다고 할 수 있다. 따라서 'eat'의 확장한 의미들을 살피다 보면 재미있는 현상을 발견할 수 있다. 먼저 '먹다'라는 행위를 놓고 분석하자면 '먹는 대상'을 생각해볼 수 있다. 즉, 먹는 대상이 영향을 받는다. 예를 들어 먹는 대상이 음식인 경우에는 음식을 먹는 사람의 입장에서야 그렇게 생각하지 않겠지만 먹히는 음식의 입장에서는 자신의 모양이 망가지고 양이 줄어들다 끝내 없어진다. 빵을 한 입 먹으면 빵의 모양이 망가지고 두 입 먹으면 양이 더 줄어들며 다 먹으면 완전히 사라진다. 이렇게 어떤 대상의 모양이 망가지거나 양이 줄어들거나 끝내 없어지는 현상을 영어권에서는 'eat'라는 단어 하나로 설명할 수 있다. 예문을 보자. 'The sea has eaten into the north shore'라는 문장은 '바다가 북쪽 해안을 침식했다'라고 해석할 수 있다. 결코 바다가 해안을 먹어서 소화시킨 것이 아니다. 마찬가지로 'This acid eats metal'은 '이 산이 금속을 부식시킨다'라고 해석할 수 있다. 심층적 의미로 보면 '침식하다'나 '부식하다'가 서로 다른 표현이 아닌 셈이다.

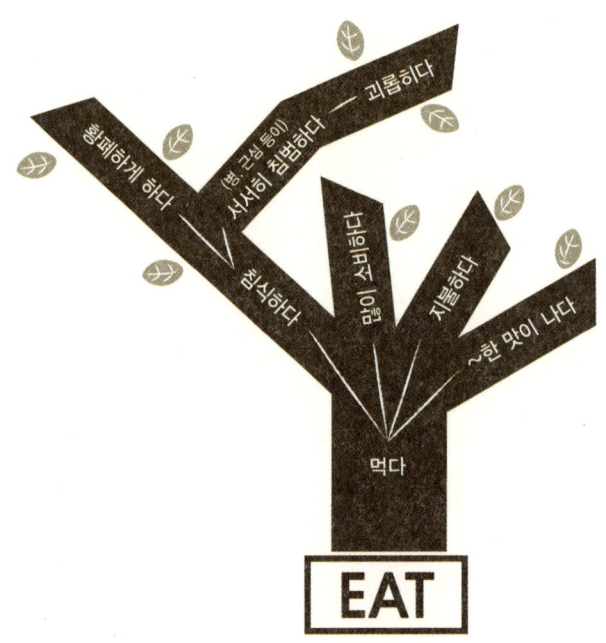

이런 점을 간과하고 우리가 영어를 배울 때나 외국인이 한국어를 배울 때 각각의 단어가 가지는 뜻을 하나씩만 암기하려고 하면 점점 외국어가 부담스럽고 어렵게 느껴진다. 따라서 우리가 영어를 배울 때도 이런 의미들을 다 외우려 하지 말고 심층적 의미를 이해한 다음에 상황에 맞춰서 우리말 의미를 대입해보려는 노력이 필요하다. 예를 더 들어보자. 'The forest was eaten by fire'는 '숲이 불에 먹힌 것'이 아니라 '그 숲은 불이 나서 황폐해졌다'라고 해석해야 한다. 'The patient was eaten by disease and pain'도 '질병과 고통이 그 환자를 먹은 것'이 아니라 '환자는 질병과 고통 속에서 서서히 소모되었다'라고 해석해야 한다. 이를 이해했다면 'What's eating you?'라는 문장을 해석하는 일도 어렵지 않을 것이다. '뭐가 너를 먹니?'가 아니라 '뭐가 너를 괴롭히니?'라는 뜻으로, 의역하면 '무엇 때문에 그렇게 괴로워하니?' 정도가 될 것이다. 이렇게 해석하는 것은 'eat'가 근본적으로 어떤 의미로 쓰였는지를 이해하게 되었을 때 가능해진다.

그 밖에 'eat'는 '많이 소비하다'라는 의미로도 쓰인다. 'An old car eats oil'이라는 문장은 '낡은 차는 기름이 많이 들어'라는 뜻이다. 나아가 'eat'는 '비용을 지불하다'라는 뜻도 가지고 있다. 우리가 생각하는 '먹다'라는 개념 안에서 생각하면 '비용을 지불하다'는 정말 생뚱맞아 보인다. 그런데 이 부분의 의미를 정확하게 이해하기 위해 영영사전을 찾아보면 'absorb' 또는 'pay for'라고 나와 있다. 먼저 'absorb'는 '먹다'와 공통점을 찾을 수 있다. 우리는 음식을 먹을 때 소화기관으로

흡수한다. '흡수하다'라는 말은 '받아들이다'와 같은 맥락을 가지고 있으며 또 '받아들이다'는 '감수하다'와 궤를 같이 한다. 즉, '내가 그 비용을 받아들이겠다'라는 점에서 'eat'가 '비용을 감당하겠다'라는 의미를 가지게 되는 것이다. 그래서 'The builder had to eat the cost of repairs'라고 하면 '그 건축업자가 수선 비용을 감당해야 했다'로 해석할 수 있다.

끝으로 'eat'가 가지는 또 다른 의미는 먹을 때의 느낌에 대한 것이다. '어떤 맛이 난다'에 해당하는 경우다. 예를 들어 'eat'가 자동사로 쓰인 'This biscuit eats crisp(이 비스킷은 바삭바삭하다)'라는 문장이나 'This fish eats well(이 생선은 맛이 좋다)'이라는 문장이 그렇다. 'This fruit eats like a tomato'라는 문장 역시 '이 과일은 토마토 같은 맛이 난다'라고 해석할 수 있다. 이처럼 'eat'에는 다양하고 서로 공통적인 속성을 갖는 여러 가지 뜻이 있다.

그럼 다시 타일러가 인스타그램에 올렸던 광복절에 대한 글로 돌아가 보자. 그 글에 쓰인 '겨레'라는 단어는 '같은 핏줄을 이어받은 민족'이라는 뜻이다. 하지만 그냥 '겨레'라는 단어만을 보아서는 왜 그런 뜻을 가지고 있는지 알기가 어렵다. 그래서 '겨레'의 어원을 찾아보니 '가르다'에서 나왔다고 한다. 즉, '한 몸에서 갈라져 나온 민족'을 뜻하며 그 결과 '같은 핏줄의 민족'이라는 의미가 되었다. 타일러가 이처럼 어원을 이해하고 '겨레'라는 단어를 썼는지 여부는 알 수 없지만 만일 '겨레'라는 말을 공부하면서 '가르다'와 '한 몸에서 갈라져 나온 민족'이라는 뜻을 연관 지어 학습했다면 그 의미를 파악하고 쓰는 데 큰 도움을 받았을 것이다. 'eat'가 단순히 '먹다'가 아니고 '겨레'가 '한 몸에서 갈라져 나온 민족'을 뜻하듯이 어원을 알고 외국어를 공부했을 때 학습효과는 훨씬 높아진다. 어원을 통해서 정확한 의미를 이해할 수 있는 영어단어들을 더 살펴보자.

지역적·문화적 영향을 받은 단어

모든 단어는 어원에서 파생해 여러 의미로 뻗어나가며 그 방식이나 형태는 제각각이다. 그리고 그 가운데 꽤 많은 단어가 앞서 이야기했듯이 그 언어가 생겨나고 사용하는 지역의 역사와 문화적 영향을 받으며 발전해간다. 'gallery', 'genius', 'account', 'check' 같은 단어들을 통해 그 과정을 알아보기로 하자.

'gallery', '미술관'과 '골프 관람객' 사이의 관련성은 무엇일까?

사람들이 'gallery'라는 단어를 들었을 때 가장 먼저 떠올리는 이미지는 '미술관'일 것이다. 우리말로도 '미술품을 전시하고 판매하는 장소'라는 뜻을 가진 '갤러리'는 골프를 좋아하는 사람이라면 잘 알듯이

'골프장에서 플레이를 구경하는 관람객'을 뜻하기도 한다. 이 둘은 어떤 어원에서 출발해 어떤 연관성을 가지고 있을까. 그런데 'gallery'에는 이 두 가지 뜻 말고 '사격 연습장 shooting gallery'이라는 의미도 있으며 'The couple sat up in the public gallery'라고 했을 때는 '미술품 전시 장소', '골프를 구경하는 관람객', '사격 연습장' 가운데 어떤 것을 갖다 붙여도 해석이 안 된다. 이처럼 폭넓은 의미를 가지고 있는 'gallery'를 정확하게 파악하기 위해 먼저 사전을 찾아보자.

gallery [gǽləri]

1. 미술관 (art gallery)
   국립 미술관 (the National Gallery)
2. 진열 미술품
   the gallery of the Louvre : 루브르 박물관의 미술품
3. (극장·교회 등의 2층) 관람석
   (국회 등의) 방청석 : the strangers' gallery
   (하원의) 방청석
4. (극장의) 맨 위층 좌석
   맨 위층 좌석의 관객
   (저속한 취미를 가진) 일반 대중, 저급 취미
5. (골프 경기 따위의) 관중, 청중
   (국회 등의) 방청인
6. 회랑, 주랑(지붕만 있는 복도), (공공용의) 좁고 긴 방, 복도
7. 통로, 주랑, 현관, 베란다, 발코니
8. 사진 촬영실, 사격장
9. (광산) 수평 갱도

서술한 'gallery'의 다양한 뜻 가운데 첫 번째에 해당하는 '미술관'과 '진열 미술품'은 특정한 공간과 그 공간과 관련이 있는 사물의 개념으로 연결된다는 것을 알 수 있다. 그런데 방청석이나 화랑, 심지어 수평 갱도로 나아가면 그 뜻을 이을 수 있는 연결고리가 좀처럼 보이지 않는다. 사진 촬영실이나 사격장도 마찬가지다.

'gallery'는 팔레스타인 북부 지역에 있는 'Galilee'라는 지명에서 유래했다. 성경에 자주 등장하여 성지순례 지역으로도 알려져 있으니 기독교 신자들에게는 무척 익숙한 이름일 것이다. 이렇게 지명을 뜻하는 'Galilee'는 그 지역의 교회를 중심으로 교회의 가장 끝 부분에 있는 '교회 현관church porch'을 때때로 'gallery'라 부르기 시작하다가 급기야 교회 건물의 일부를 표현하는 단어로 의미가 확장했다. 그리고 이후에 의미나무 그림에서 보는 것처럼 '회랑covered walk, 위가 천 등으로 덮인 기다란 길'으로 파생했고 '회랑'이 가진 '길쭉한 길'이라는 개념을 토대로 '복도'라는 의미로 이어졌다. 복도는 다시 '수평의 통로'라는 개념을 거쳐 '광산의 지하 갱도나 통로'로 확장했다. 결국 '사격장'도 멀리 있는 과녁을 맞혀야 하는 운동의 특성상 기다란 방 구조를 가질 수밖에 없으니까 그런 공간을 뜻하는 'gallery'가 쓰이게 되었을 것이다. 회랑이든 미술관이든 갱도든 어원을 파고들어가 보면 공통적인 속성을 가지고 있다는 것을 알 수 있다.

반면 '교회의 입구'와 달리 '교회의 계랑階廊'을 일컫는 의미가지도 있다. 'gallery'는 독일어와 불어에서는 'galerie'라고 표기하는데 영어, 독일어, 불어는 라틴어의 영향을 받은 언어들로 결국 'Galilee'를 어원으로 한다. 당연히 그 주된 뜻도 회랑, 미술관, 복도 등 영어 'gallery'와 동일하다.

1. (성 따위의) 좁고 긴 방, 회랑, (건물 안팎의 지붕이 있는) 산책용 복도

2. (예술품의) 진열실, 화랑

3. (예술 작품 따위의) 수집품

4. (극장·경기장 따위의) 관람석, 교회의 계랑, (집합적) 관객, 구경꾼, 청중

여기서 네 번째 설명을 보면 우리가 잘 알지 못하는 '계랑'이라는 단어가 나온다. 이 낯선 단어는 교회 내부의 강단에서 가장 멀리 떨어져 있는 계단처럼 튀어나온 앉는 공간을 말한다. 이것이 'gallery'라 불리고 있다. 이렇게 중심부에서 가장 멀리 떨어져 있고 또 사람이 앉는다는 특징을 가지고 있다는 점에서 'gallery'의 속성과 연결된다고 할 수 있다. 'Relatives of the victim watched from the public gallery as the murder charge was read out in court'라는 문장에 쓰인 'gallery'도 '극장의 맨 뒷자리'를 뜻한다. '발코니' 또한 얼핏 공연장의 관람석과 공통점이 별로 없는 것처럼 보이지만 집의 내부에서 가장 먼 곳에 있고 사람이 앉아서 풍경을 바라보는 자리라는 점에서 유사한 속성을 지닌다고 할 수 있을 것이다. 게다가 발코니도 외형상 교회의 계랑처럼 건물 밖으로 약간 튀어나와 있다.

한편 관람석의 맨 위층은 무대와 거리가 멀어서 공연이 잘 보이지 않으므로 가격이 저렴하다는 특징이 있다. 이런 점에서 'gallery'는 'The couple sat up in the gallery'라는 문장에 쓰인 것처럼 '가격이 저렴한 3등석'이라는 의미를 가지게 되었다. 여기서 다시 맨 위층 관람

석은 공연이 잘 보이지 않으므로 '질이 떨어지다'로 파생했고, 질이 떨어지니까 '저급 취미'가 되었을 것이다. 그리고 의미가지의 한편에서는 '저급 취미를 즐기는 관람객'을 거쳐 '관람객'으로 일반화했을 것이다. 이런 과정을 통해 골프나 테니스의 관람객을 '갤러리'라 부르게 되었다. 결국 단어가 의미를 확장하는 구조에 따라 '갤러리'라는 단어 하나가 '구경꾼', '미술품', '갱도'라는 뜻으로 파생해나갔음을 알 수 있고 그 이면에는 애초에 '갈릴리'라는 지명과 종교적 배경이 있었다.

'genius'를 '천재'라고 외우면 안 되는 이유

사람들은 'genius'를 단순히 '천재'로 알고 있다. 하지만 그래서는 안 되는 이유를 우리는 2004년 오바마 대통령의 민주당 전당대회 연설에서 확인할 수 있다. 연설 내용 가운데 'genius'가 들어간 부분은 'That is the true genius of America'라는 문장이다. 그냥 평범하게 해석하면 '이것이 진정한 미국인의 천재성입니다'라고 할 수 있을 것이다. 하지만 'genius'를 그렇게 받아들이면 연설의 앞뒤 내용이 전혀 맞지 않는다. 이야기의 맥락을 정확히 파악하기 위해서 앞 문장을 소개하면 독립선언문의 일부로 다음과 같다.

We hold these truths to be self-evident, that all men are created equal, that they are endowed by their creator with certain unalienable rights, that among these are life, liberty and the pursuit of happiness.

'우리는 다음과 같은 진리를 자명한 것으로 받아들인다. 모든 사람은 평등하게 창조되었다는 것, 모든 사람은 창조주로부터 양도할 수 없는 권리를 부여받았다는 것, 생명, 자유 그리고 행복 추구 등이 그러한 권리라는 것'이라고 해석할 수 있다. 그러니 인간의 존엄성이나 가치를 천명하는 문장 뒤에 사람의 지적 능력에 해당하는 천재성을 언급하며 '이것이 진정한 미국인의 천재성입니다'라는 내용이 이어진다는 것은 매우 어색하다.

결국 'genius'의 뜻을 사전에서 찾아보고 더 깊이 파고들면 이 단어

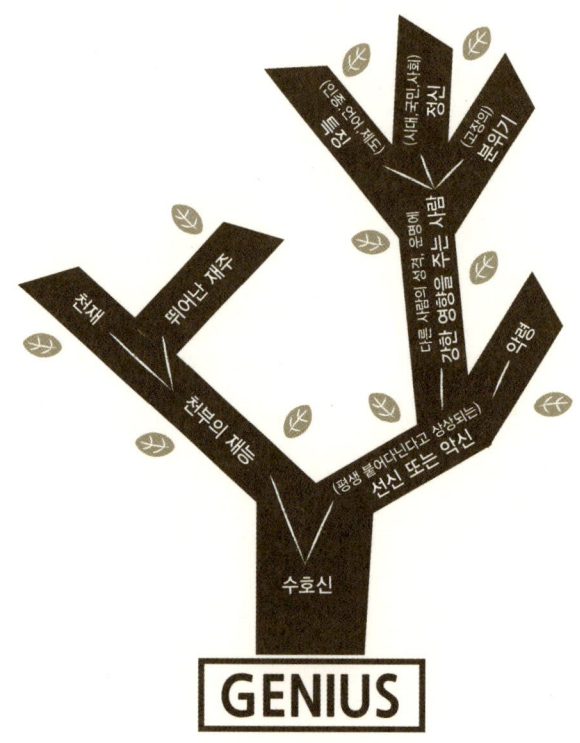

의 어원이 '수호신guardian spirit'에 있다는 것을 알 수 있다. 그리고 '수호신'에서 어떻게 다른 의미들로 연결되는지를 정리하면 다음과 같다.

'수호신'에 뿌리를 두고 뻗어나온 첫 번째 의미가지는 신이 부여한 능력에 대한 것이다. 즉, '재주'나 '재능'이 여기에 해당한다. 예를 들어 'He has a genius for making friends'라고 하면 '그는 친구를 사귀는 데 천부적인 재능이 있다'로 해석할 수 있을 것이다. '재능' 외에도 신이 부여한 능력으로 '성격'이 있을 텐데 'That is not a task suited to my genius'라고 하면 '그것은 나의 천성에 맞지 않는 일이야'라고, '재능'보다 '천성'을 적용해야 훨씬 자연스럽다. 'genius'는 또 '신으로부터 부여받은 무언가'에서 '천재'로 확장하며, 나아가 'She has a special genius for leadership(그녀는 리더십에 있어 탁월한 재주가 있다)'이라는 문장에서 보듯이 '재주'라는 범위로까지 확장한다.

다른 쪽으로 뻗은 의미가지는 '재주'나 '재능'과 달리 '신'이라는 측면이 강조되어 사람에게 평생 붙어다닌다는 의미로 쓰인다. 우리나라에도 '미신'이라는 개념이 있는 것처럼 사람을 따라다니는 '좋은 신'과 '나쁜 신'을 말하는데 예를 들어 'His good genius'라고 하면 '그의 몸에 붙어다니는 선신'이라고 해석할 수 있다.

'선신'이나 '악신'은 사람에게 영향을 미치는 존재라는 점에서 '악령genie' 그리고 '다른 사람의 성격이나 운명에 강한 영향을 미치는 사람'이라는 의미를 가지게 된다. 예를 들어 '러시아 정치에 악영향을 미친 수도사 라스푸틴'을 'The Monk Rasputin, the evil genius of Russian politics'라고 표현하는 것처럼 말이다. 'genius'는 다시 '인종·언어·제도 등의 구별되는 특징', '시대·국민·사회의 정신', '어떤 장소에 따르는 분위기나 기분'이라는 의미로 파생한다. 'The genius of the German people'이라고 했을 때는 '인종적 특징'을, 'The genius of modern civilization'이라고 했을 때는 '현대 문명의 정신'을 의미한다. 또 'I was influenced by the genius of the place'라고 하면 '나는 그곳의 분위기에 휩쓸렸다(영향을 받았다)'라고 해석할 수 있다.

처음으로 돌아가서 'That is the true genius of America'라는 문장에서 'genius'는 '미국 국민이 가지고 있는 정신'을 뜻한다. 오바마 대통령은 국민의 존엄성과 가치를 설명하기 위해서 'genius'라는 단어를 사용했다. 'genius'는 '수호신'이나 '선신', '악신' 그리고 '악령' 등을 믿거나 그런 영향을 받은 서구 사회의 문화적 특징을 반영한 단어라고 할 수 있을 것이다.

'account'를 왜 '설명하다'로도 쓸까?

'account'는 일반적으로 '계정'이라는 뜻과 '설명하다'라는 뜻으로 많이 쓰이는데 이 둘 사이에 공통점은 보이지 않는다. 'account'의 어원은 '돈거래의 계산'이다. 예를 들어 '금전 관계가 깔끔해야 친구 사이가 오래간다'라는 영어 속담 'Short accounts make long friends'에서 'account'는 '셈이 빨라야 한다'는 의미다.

첫 번째 의미가지인 '계정'이나 '계좌'는 'account'의 어원인 '돈거래의 계산'에 제대로 닿아 있다. 두 단어 모두 은행 거래와 직접적인 관련이 있기 때문이다. 가장 흔히 사용하는 문장이 자신이 가지고 있는 은행 계좌를 말하는 'I have an account with the bank'가 아닐까 싶다. 또 다른 의미가지는 분명히 '돈거래의 계산'과 관련은 있으나 다른

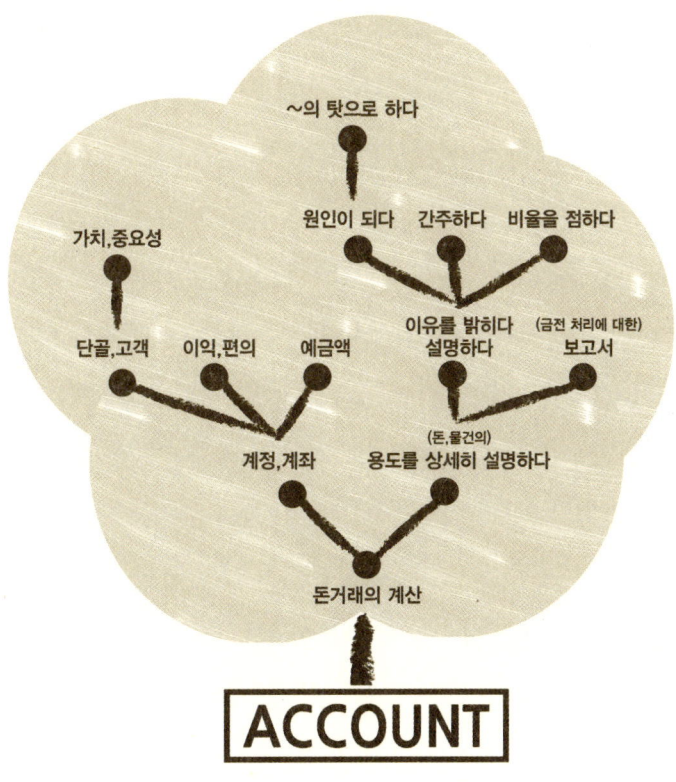

방향에서 접근하고 있다. '(돈이나 물건의 용도를 상세히) 설명하다'라는 것이다. 돈거래를 하다 보면 그 과정에서 돈을 주고받는 행위나 용도를 설명해야 하는 일이 생기는데 이때 선후관계에 'account'를 쓴다. 예를 들어 'She is to account to her parents for the monthly allowance'에서 'account'는 '계정'이나 '계좌'로 쓰인 게 아니라서 '그녀는 매월 용돈의 출처를 부모님에게 자세히 보고하도록 되어 있다'라고 해석해야 맞다. 물론 '계정'이라는 단어를 은행에서만 쓰는 것은 아니다. IT 분야에서는 '고객 정보'의 통칭으로 아이디, 비밀번호 등 서비스의 범위 및 권한에 대한 것까지 포괄한다.

첫 번째 의미가지는 은행에 대한 내용을 중심으로 확장한다. 먼저 은행을 방문하는 '고객'이라는 의미. 'The branch has lost several of its most important accounts'에서 'account'는 '계좌'나 '계정'이 아니라 '고객'을 뜻한다. 따라서 이 문장은 '그 지점은 가장 중요한 고객 몇 명을 잃었다'라고 해석해야 한다. 더러는 '고객'과 유사하지만 조금 다른 '단골'로 해석해야 의미가 더 잘 통하는 경우도 있다. 여기에 더해 '어떤 계정이 주는 이익이나 편의'라는 의미와 은행 계좌에 들어 있는 '예금액'이라는 의미로도 확장한다. 또 '단골'이나 '고객'을 기준으로 해서 기업의 입장에서는 '가치' 또는 '중요성'이라는 뜻으로 쓰이기도 한다.

두 번째 의미가지는 '(돈 또는 물건의) 용도를 상세히 설명하다'로 뻗어나간다. 먼저 '설명하다'는 '이유를 밝히는 것' 그리고 금전적 처리에 대한 내용을 담은 '보고서'라는 뜻으로 옮겨간다. 'The company disclosed a detailed account', '그 회사는 상세한 금전출납명세서를 밝혔다'라는 뜻이다. 어떤 이유를 밝히거나 설명한다는 것은 'Let me account for the incident'에서처럼 '사건의 이유'라고 풀이할 수도 있다. '이유를 밝히거나 설명하다'는 다시 세 가지로 확장한다. 첫째, '이유'라는 단어와 큰 연관이 있는 '원인이 되다.' 'Their carelessness accounts for their failure'은 '그들의 부주의가 그들의 실패 원인이다'라고 해석할 수 있다. 또 'He accounts himself well paid'라는 문장은 '자신의 보수가 좋다고 생각한다'라고 해석할 수 있으므로 '~하게 생각하다' 또는 '간주하다'라는 의미다. 'account'의 가장 이질적인 의미는 아마 '비율을 점하다'일 것이다. 예를 들어 'The region accounts for a large part of usable timber'라는 문장은 '이 지방에서는 사용 가능한 재목의 상당 부분을 점유하고 있다'라고 해석할 수 있다. 끝으로 '원인이 되다'는 반대로 상대를 이해하는 차원으로 이어져 '~의 탓으로 하다'라는 의미로 확장한다. 따라서 'Her bad temper was accounted to her illness'는 '그녀의 나쁜 성격은 그녀의 병 탓이었다'라고 해석할 수 있다.

지금까지 살펴본 것처럼 'account'의 전반적인 의미는 돈거래와 계산과 은행이라는 특정한 내용을 담고 있다. 실제로 은행은 16세기 영국에서 시작한 금전 거래의 형태에서 유래했다. 16세기 유럽은 금이 곧 돈이었던 세상이다. 사람들은 금으로 거래를 하고 물건을 구매했는데 금은 덩어리째 들고 다니기에는 너무 무거웠고 도난당할 위험이 컸다. 그래서 금을 세공한 금화로 거래를 하다가 금화를 안전하게 보관하려고 금고를 만들기에 이르렀다. 이 과정에서 사람들은 금화를 만들려고 금을 세공업자에게 맡겼으며 세공업자들은 그들에게 보관증을 써주었다가 나중에 금화와 교환하곤 했다. 그러다 세공업자에게 금을 맡긴 사람들은 동일한 가치를 증명하는 보관증으로 거래를 하게 되었다. 금 세공업자들은 자신의 금고에 늘 일정량의 금이 들어 있고 사람들이 보관증을 마치 화폐처럼 사용하자 쌓여 있는 금을 자신의 재산인 양 돈이 필요한 이들에게 대출해주고 이자를 받아 챙겼다. 이런 과정이 반복되자 자산을 기반으로 한 대출이 사업이 될 수 있다는 사실을 영국 왕실이 알게 되었고 이를 합법적으로 허가해주면서 은행이 탄생했다. 'account'는 이렇게 영어의 뿌리인 영국 사회의 영향을 깊이 받았으며 그로부터 확장했다고 할 수 있다.

'check'는 왜 '체크무늬'로 쓰이게 되었을까?

우리는 'check'라는 단어를 가장 먼저 '확인하다'라는 뜻으로 배운다. 그리고 우연한 기회에 체스를 배울 기회가 생긴다면 이 게임에서 '체크'라는 표현을 쓴다는 사실을 알게 될 것이다. 사실 'check'는 체스 경기에서 '왕king'을 잡을 수 있는 수를 둘 때 외치는 소리다. 체스보다 장기에 익숙한 우리나라 사람들이 이해하기 쉽게 설명하자면 '장將'을 잡을 수 있는 수를 둘 때 '장군' 하고 외치듯이 체스에서는 'check'

를 외친다. 그런데 상대방이 왕을 잡으려고 공격수를 두면 '나'는 지금까지 펼치던 공격을 멈추고 방어에 신경을 써야 할 것이다. 방어를 하려면 판 전체를 두루 살피며 자신의 상황을 확인해야 한다. 즉, ① 상대의 왕을 잡기 위한 수를 둔다. ② 상대의 공격을 막기 위해 잠시 멈춘다. ③ 전체적인 판을 확인한다. 이러한 일련의 흐름을 이해한다면 'check'의 의미를 쉽게 파악할 수 있을 것이다. 이 방향으로 확장한 것이 'check'의 첫 번째 의미가지다.

'check'가 가지고 있는 반대쪽 의미가지도 체스와 관련이 있다. 우리가 의류 등에서 자주 보는 '체크무늬'의 그 체크다. 바둑판무늬, 격자무늬라고도 해서 서로 다른 색상을 입체감을 주듯이 가로세로 일정한 간격을 두고 반복한 모양으로, 이것도 본디 체스판의 형태에서 따온 것이다. 여기서 확장해 페인트칠이 갈라진 것을 'check'를 써서 표현하기도 한다. 'Painted surface may check with age'는 '칠을 한 표면이 오래되면 갈라질 수 있다'라는 뜻이다.

한편 'check'는 '멈추다'라는 의미로 파생한다. 'She barely checked the horse at the edge of the cliff'는 '그녀는 벼랑 끝에서 간신히 말을 멈추었다'라고 해석할 수 있다. 어떤 행동을 멈추게 하는 것보다 더 강력한 행동은 '억제하는' 것이다. 'Check and balance'라는 문장에서 'check'는 '지나침을 억제해 균형을 잡다'를 표현하는 데 쓰였고, 'The new measures checked the rapidity of the epidemic's spreading'이라는 문장에서는 '병원균의 유행 속도를 억제하였다'라는 의미로 쓰였다. 'check'는 또 '서로 멈추어 서서 상대방을 억제하다', 즉 '견제하다'는 유사의미도 가지고 있어서 'They held each other in check'에서의 쓰임이 그렇다. 마지막으로 가장 널리 애용하는 '확인하다'는 'check it out'처럼 상용어구로 쓰인다. '(멈추어서 자신의 상태를) 확인해본다'는 의미다.

'확인하다'는 다시 폭넓은 확장을 보인다. 먼저 '계산서', 즉 '(자신이 구매한 것을) 확인시켜주는 존재'라는 의미다. 'Let me have a check' 는 '계산서 주세요'에 해당하며, 계산할 때 빈번하게 사용하는 수표도 'check'라고 한다. '확인하다'의 두 번째 의미 확장은 '일치하다'이다. 자신의 계산과 상대방의 계산이 일치하는지 여부를 확인하는 행위에서 나왔다. 'The reprint checks with the original'은 단순한 확인을 넘어서 '복사본과 원본이 일치하는지 확인하다'라는 뜻이다. 세 번째, '(물건을 확인하고) 맡기다'와 '(절차상 확인이 끝난 상태에서) 투숙하다'가 있다. 'Have you checked your notebook?'은 '노트북을 맡기셨나요?'라는 뜻이며, 'check-in'과 'check-out'는 호텔 등에서 입실과 퇴실 수속을 할 때 사용하는 말이다. 여기에 '짐을 맡기다'에서 확장하여 'Check the baggage to New York'에서 처럼 '짐을 부치다'라는 뜻으로도 쓰인다. 이밖에도 확인하고 나서 잘못한 것을 책망하는 '꾸짖다rebuke'와 '건강을 확인하다(check your health)'라는 의미로도 확장한다. 'Check a used car thoroughly before purchasing it'에서처럼 'check'는 단순한 확인을 넘어 성능에 대한 확실한 점검의 의미를 가짐으로써 'check list(점검표)'라는 의미까지 얻게 된다. 이 모든 의미가 서양의 장기인 체스 게임에서 나왔다고 할 수 있다.

사물과 행위 개념의 직접적인 연결

두 번째 의미나무의 사례들은 특정한 행위와 사물(또는 대상)이 하나의 단어로 표현되는 경우다. 하나의 단어가 동사형으로도 쓰이고 명사형으로도 쓰이는 경우, 즉 하나의 단어가 한정된 품사의 범위에서만 쓰이는 것이 아니라 여러 품사로 확장하는 것이다. 가령 'pay'는 '지불하다'와 '지불'처럼 동사와 명사적 의미를 함께 가지고 있고, 'address'나 'want'는 전혀 다른 명사형 의미와 동사형 의미를 가진다. 의미나무를 통해서 이와 같은 변화를 알아보기로 하자.

'pay'는 형용사로도 쓰인다

처음에는 'pay'를 '지불하다', '수입을 가져오다', '(관심을) 보이다', '주의하다', '보복하다', '이익이 되다', '벌을 받다'라는 뜻을 가진 동사로 배울 것이다. 대부분의 동사는 명사형에 해당할 때도 동일한 의미로 쓰이므로 'pay'의 명사적 의미는 '지불', '급료', '보복', '지불인', '고용'이다. 그런데 'pay'는 형용사로서 '유료의'라는 뜻을 가지고 있기도 하다. 동사를 어원으로 하지만 의미가 동일한 범위에서 명사나 형용사로 품사적 확장을 보이는 것이다.

'pay'의 어원은 자신이 받은 노동력이나 상품의 대가로 '돈을 지불하다'라는 것이다. 'He paid 2million won to have it built in 1980.' 이 문장은 'pay'의 가장 기본적인 어원을 드러낸 것으로 '1980년대에 지어진 건축물을 위해서 200만원의 비용을 지불했다'라는 뜻이다. 'pay'의 용도는 단순히 물건이나 자산을 위해 지불하는 비용뿐만 아니라 어떤 일이나 행위가 이익을 주는 경우에도 동일하다. 'It will pay you to hire a visual designer'라는 문장에서는 'pay'를 '비용을 지불하다'가 아니라 '이득이 되다'로 해석해야 말이 된다. 같은 문장에서 주어만 바꾸어 'I will pay you to hire a visual designer'라고 하면 '내가 당신에게 시각 디자이너를 고용하기 위한 비용을 지불하겠다'라는 뜻이다. 주어 하나만 바꾸어도 이렇게 뜻이 달라진다.

'pay'는 또 '대가를 지불하게 한다'는 의미와는 살짝 다르게 '대가를 치르게 된다'라는 의미로 발전한다. 즉, '벌을 받게 될 것'이라는 뜻을 내포하고 있어 'You will pay for that remark'와 같이 '어떤 말이나 행동에 대해 대가를 치르다'라고 할 때 쓰인다. 'pay back'이라는 표현 역시 '빌린 돈을 갚다'라는 의미로 쓰이지만 '상대에게 앙갚음을 하다'라는 뜻으로도 쓰인다. 한편 '가지고 있는 돈을 지불하다'라는 의미는 '(상대에게) 무언가를 주다'라는 의미로 확장해서 'I'll pay you a visit when I'm in town'이라는 문장을 간단히 해석하면 '시내에 오면 들르겠다'라는 뜻으로, 구체적으로는 '방문a visit을 해주겠다'는 것이다. 'pay'가 '주다'라는 의미로 가장 많이 사용되는 것은 'pay attention'이라는 구를 통해서일 것이다. 우리가 늘 '주의를 기울이다'라는 뜻으로 외운 이 표현은 '내가 상대방에게 나의 주의, 즉 집중력을 기울이겠다

(주겠다)'라는 것이다.

이처럼 '돈을 지불하다'라는 동사를 어원으로 하는 'pay'는 일을 한 대가로 받는 '보수'나 '급료'를 언급할 때는 명사적 의미로 확장한다. 'Her job is hard work, but the pay is good'이라는 문장에서는 주어로 쓰여 '보수가 좋지 않다'라는 뜻이 된다. 'pay increase'나 'holiday pay'의 경우도 '급여 인상'이나 '휴가 중 급여'라는 뜻의 명사형 사례에 해당한다. 동사와 명사로 쓰인 'pay'는 또 돈을 지불해야 하는 대상 제품이나 서비스를 수식하기 위한 형용사로 진화해서 '유료의'라는 의미를 가진다. 'pay toilet'이나 'pay phone'처럼 '유료 화장실', '유료 전화'라는 식으로 매우 널리 쓰이고 있다.

'screen'은 '선별하다'와 '화면'이라는 뜻을 다 가지고 있다

우리는 'screen'의 뜻을 크게 두 가지로 알고 있다. 하나는 영화나 텔레비전과 관련한 용어고, 또 하나는 '무언가를 걸러내고 선별하다'라는 의미다. 이 두 가지 뜻은 서로 연관성이 별로 없어 보이는데 심지어 전자의 경우는 명사고, 후자의 경우는 동사라는 차이마저 있다. 'screen'은 또 '전위부대'라는 군 관련 용어로도 쓰인다.

'screen'의 어원은 불어에서 왔으며 '뜨거운 열을 막는 가리개a fire screen'를 거쳐 일반적인 '가리개'가 된다. 그런데 열을 비롯해서 무언가를 가린다는 것은 반대로 사물인 '가리개' 입장에서 보면 '열을 막아내다'라는 의미가 된다. 그래서 벌레가 들어오는 것을 막는 '방충망창의 쇠 그물a window screen'이라는 의미로 확장한다. '방충망'은 다시 벌레가 아닌 흙이나 모래 등을 거르는 '체sand screen'로 확장하는데 공사장에 가면 한쪽에 쌓아놓은 모래를 시멘트와 섞기 전에 돌 등을 걸러낼 때 사용하는 그 도구를 말한다. 그리고 'screen'은 다시 '체'의 용도인 '걸러내다'로 옮겨간다. 'I use my answering machine to screen my phone calls'에서 'screen'은 '자동응답기를 통해 걸려온 전화를 걸러낸다'는 뜻으로 쓰였다. '걸러낸다'는 그 연장선상에서 '선별하다'로 옮겨가서 'Job applicants were screened by the HR department'에서처럼 '걸러낸다'라고 하기는 좀 그렇고 '응모한 사람들을 인사부서에서 선별한다'라고 옮길 수 있겠다. 비슷한 차원에서 질병인 경우에는 '가려낸다'라고 할 수 있다. 'Men over 55 should be screened for prostate cancer at regular intervals'를 자연스럽게 해석하면 '55세 이상의 남성들은 정기적으로 전립선 암 검사를 받아야 한다'로, 여기서 'screen'은 특정 질병을 '가려낸다'는 의미로 쓰였다. 결국 '가리개'의 용도인 '가리다'와는 전혀 다른 '가려내다'로 그 의미가 진화한 셈이다.

'screen'이 가지는 두 번째 의미가지는 '칸막이'라는 뜻이다. '칸막이'에도 '가린다'는 뜻은 들어 있지만 '가리개'처럼 작거나 휴대가 가능하지는 않다. 즉, 추상적이지 않고 구체적인 사물이자 설치하는 조형물이다. '칸막이'는 다른 사람의 시선을 막는다는 의미로 발전해서 'The nurse put a screen around the bed'에서처럼 '병원에서 다른 환자를 볼 수 없게 쳐주는 칸막이'를 의미하기도 한다. '칸막이'는 다시 '막아서 보이지 않게 하다'라는 의미와 '앞이 무언가로 막혀 있다'는 의미로 확장하여 '연막smoke screen', 또는 외부와 차단시키거나 덮어서 안 보이게 하는 물건이라는 뜻의 '차폐물'로 이어진다. 'They planted a screen of tall trees'에서 'screen'은 큰 나무들을 심어서 만들어놓은 '차폐물'을 말한다. '차폐물'은 이어서 남의 눈에 띄지 않게 '숨을 곳behind a screen'이나 '비호하다'로 확장해서 'Screen a guilty man'이라

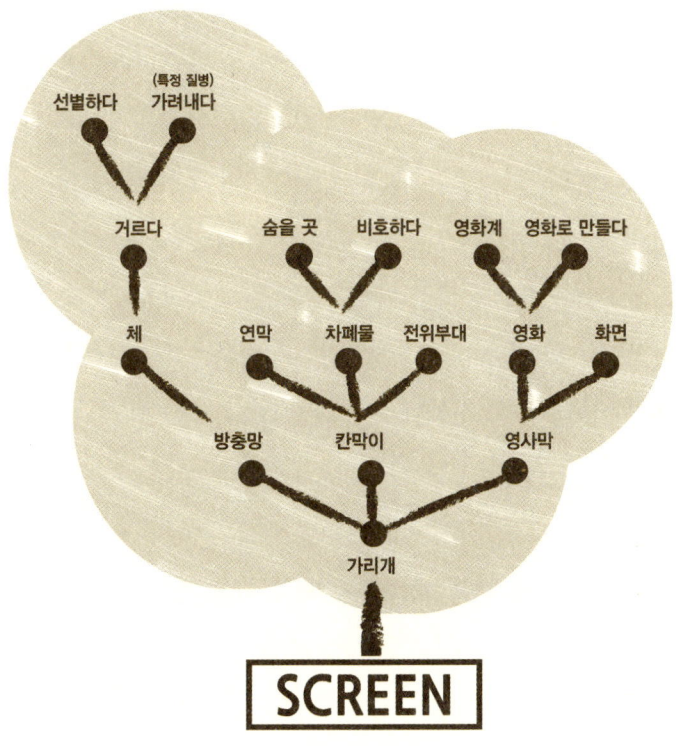

고 하면 '범죄자를 비호하다'라는 뜻이다. 앞에서 잠깐 언급한 '전위부대'도 '칸막이'에서 파생한 의미로서 'screen of cavalry'라고 하면 군대의 이동을 보호하기 위해 앞장서는 '기병 전위부대'를 뜻한다.

마지막 의미가지는 모두 영화에 대한 것이다. 첫 의미인 '영사막'의 경우 '빛이 통과하지 못하게 막아서 영상을 보여주는 막'을 말한다. 이와 관련하여 'show on the screen'이라고 하면 구 자체가 '영사하다'라는 뜻이다. '영사막'은 '영상물이 보이는 화면'이라는 매우 보편적인 의미로 확장해서 일반명사나 집합명사에 가까운 '영화the screen'가 된다. '스크린 쿼터' 같은 용어를 통해서 많이 들어보았을 것이다. 나아가 'screen a mystery novel'이라는 표현에서 'screen'은 동사로서 '~을 영화로 만들다'라고 할 때 쓰인다. 이외에도 '영사막'이 동사로 쓰여 '(영화를) 상영하다'라는 의미를 가지기도 한다. 'a list of films to be screened in the festival'이라는 구를 보면 'screen'이 상영할 영화의 목록을 표현하기 위한 의미로 활용되었음을 알 수 있다. 결국 'screen'은 선별, 은폐, 영화와 관련한 세 가지 영역에서 동사와 명사를 넘나들며 다양한 의미를 파생시켰음을 알 수 있다.

'pick'은 왜 기타를 '연주하다'라는 뜻으로 쓰일까?

'pick'은 너무 다양한 뜻을 가지고 있는 동사다. 'pick'의 의미를 적당히 나열만 하여도 '따다', '뜯다', '쪼다', '조금씩 입에 넣다', '깃털을 잡아

뽑다', '훔치다', '골라잡다', '붙잡다', '계기를 만들다', '쑤시다', '구멍을 파다', '비틀어 열다', '풀다', '손가락으로 치다'가 있다. 유사한 뜻을 묶어서 대표적인 것만 모아도 이렇게 많으니 이 모든 뜻을 하나하나 외우는 것은 불가능에 가까울 것이다.

'pick'은 'pick fruit(과일을 따다)'처럼 하나하나 '채집하다'라는 데서 출발한다. 채집을 하는 과정에서 가위가 없던 시절에는 당연히 나무에 달린 과일을 손으로 잡아당겨서 땄을 테니 손을 이용하는 동작에 대한 의미가 담겨 있다. 그리고 과수원 사람이 과일을 딸 때는 좋은 것을 하나하나 골라서 따려고 했을 테니 여러 가지 가운데서 '신중하게 고

르다'라는 의미를 가지게 된다. 이것이 'pick'의 첫 번째 의미가지다. '신중히 고르다'는 다시 다른 사람의 특징 가운데서 '결점을 골라내다'라는 의미로 확장한다. 따라서 'pick a flaw' 하면 '흠을 들춰내다'라는 뜻이다. 결점을 들춰낸다는 것은 결국 상대를 자극해서 싸움을 건다는 의미로 이어져 'pick a fight(싸움을 걸다)'와 'pick on~(~를 못살게 굴다)'으로 확장한다.

'채집을 하다'는 과일에서 동물로 옮겨가 '깃털을 하나씩 뽑다'라는 의미가 된다. 'pick a goose'라고 하면 거위 요리를 하려고 털을 뽑는 것을, 'pick corn'은 옥수수 껍질을 뜯어내는 것을 말한다. 즉, 대상을 덮고 있는 부위를 뜯어낸다는 표현을 할 때 쓰인다. '깃털을 뽑다'는 'pick a pocket'처럼 남의 주머니 등에서 지갑을 빼내는 '소매치기하다'로 나아간다. 그리고 무언가를 '뜯어내다'가 확장해서 'She pick the meat off the bone'에서처럼 '뼈에 붙은 살을 뜯어먹는 동작'을 뜻하기도 한다. 끝으로 동작의 유사성에서 '엉킨 것을 풀어내다'라는 의미로 이어져 'pick rags'라고 하면 '누더기 천을 풀다'라는 뜻이다.

'깃털을 뽑다'가 드러내는 마지막 의미는 기타와 관련이 있다. 'pick'에는 '(줄을 튕기는 현악기류를) 연주하다'라는 뜻이 있기 때문이다. 대표적인 사례인 기타의 경우 'pick a guitar'라고 써서 연주하는 것을 표현한다. 현악기 줄을 당기는 것과 고기를 이빨로 뜯어 떼어내는 것, 깃털을 뽑는 것은 모두 유사한 형태의 몸동작으로 볼 수 있다. 그래서

'pick'이 '연주하다'라는 의미로 쓰일 때는 현악기로 한정한다. 덧붙여 기타를 칠 때 쓰는 도구를 '기타 피크guitar pick'라고 한다. 'pick'이 악기를 '연주하다'라는 동사를 넘어 연주 도구로까지 의미 확장을 한 것이다.

'pick'의 마지막 의미가지는 새들이 흙과 먹이가 섞여 있는 땅에서 먹이만 하나씩 '쪼아 먹는다'는 것으로 시작한다. 'pick grains'는 '곡식을 쪼아 먹다'라는 뜻인데 새들이 모이를 쪼아 먹는 행위는 인간으로 치면 자연에서 먹을 것을 하나하나 채집하는 작업과 동일하다고 할 수 있다. 새가 '(먹이를 조금씩) 쪼아 먹는다'는 사람 세상으로 옮겨와 '식사를 조금 하다(pick a meal)'가 되고, 새가 모이를 쪼는 모습이 뾰족한 입으로 구멍을 파는 데서 '구멍을 파다'라는 의미로 옮겨간다. 'Pick the ground with pickax'라는 문장에서 'pick'은 '곡괭이로 땅을 파는 동작'을 뜻한다. 구멍을 파는 행위는 뾰족한 것으로 쑤시는 동작과도 유사하므로 'pick one's teeth'라고 하면 '이를 쑤시다'가 된다. '코를 후비다'라는 표현 역시 'pick one's nose'라고 하니 동일한 관점의 표현이다. 끝으로 자물쇠를 열 때 열쇠가 아닌 핀처럼 뾰족한 사물을 사용한다면 'pick a lock'이라고 해서 '자물쇠를 따다'라는 뜻이다.

'pick'은 'pay'와 마찬가지로 스스로 동사 형태의 의미를 명사적으로 쓰기도 한다. 기타를 연주할 때 사용하는 '기타 피크'뿐만 아니라 스포츠 경기에서 '(선수를 선발하는) 과정'을 뜻하는 'draft pick'처럼 말이다. 그리고 '신중히 고르다'의 연장선상에서 '~ 중에서 최상의 것'이라는 표현을 할 때 명사로서 'pick'을 사용하기도 한다. 'pick' 또한 다양한 품사의 영역을 오가며 활약하고 있다.

'address'의 '연설'과 '주소'는 어떤 관련이 있을까?

'address'는 의미나무를 통해 가장 효과적으로 학습할 수 있는 단어 가운데 하나다. 우리는 보통 영어를 처음 배울 때 'address'를 '주소'라는 뜻으로 익히고, 이후 학년이 한참 올라간 다음에야 '연설'이라는 의미를 추가로 배우게 된다. '주소'와 '연설'은 전혀 연관이 없어 보인다. 그리고 혹시 골프를 배우게 된다면 또 다른 의미의 'address'를 만나게 될 것이다. 골프 용어에서 'address'는 '공을 칠 자세를 취하는 것'을 뜻하기 때문이다. 반면 외국계 회사와 업무적 미팅을 할 때는 'address'가 '어떠한 문제를 다루다'라는 뜻으로 자주 쓰인다는 것을 알게 될 것이다. 예를 들어 'The two approaches do address much the same kinds of issues'에서처럼 '두 가지 접근이 가능한 유사한 종류의 문제를 다룬다'라고 할 때 'address'를 사용한다.

이처럼 'address'는 매우 포괄적인 의미를 가지고 있으나 영영사전이나 영한사전만 찾아봐서는 그 의미들 간 관계를 알아내기가 어렵다. 어원을 찾아보면 'make straight'나 'to direct'라고 나와 있다. 결국 'address'는 '~로 향하다'에서 그 뜻이 시작되며 여기서 각각의 의미들로 갈라져 나왔다는 것을 알 수 있다. 첫 번째는 '향하다'에서 나온

'겨냥하다'인데 골프 용어에서 '공을 칠 자세를 취하듯' 'address the ball'이라는 구절은 '특정 대상을 겨냥하는' 동작을 뜻한다.

'목표 지점을 겨냥한다'는 의미는 목표를 향해 나아가는 과정에서 '검토하거나 고심한다'는 의미로 옮겨간다. 'We must address ourselves to the problem of air pollution'에서 'address'는 '공기 오염 문제를 고심한다'라는 뜻으로 쓰였다. 한편 '겨냥하다'는 그 대상을 연인 관계로 변경하여 '(사랑을 고백하며) 구애하다'로 옮겨간다. 'He paid his addresses to a lady'에서 'address'가 그렇다. '겨냥하다'는 또 어

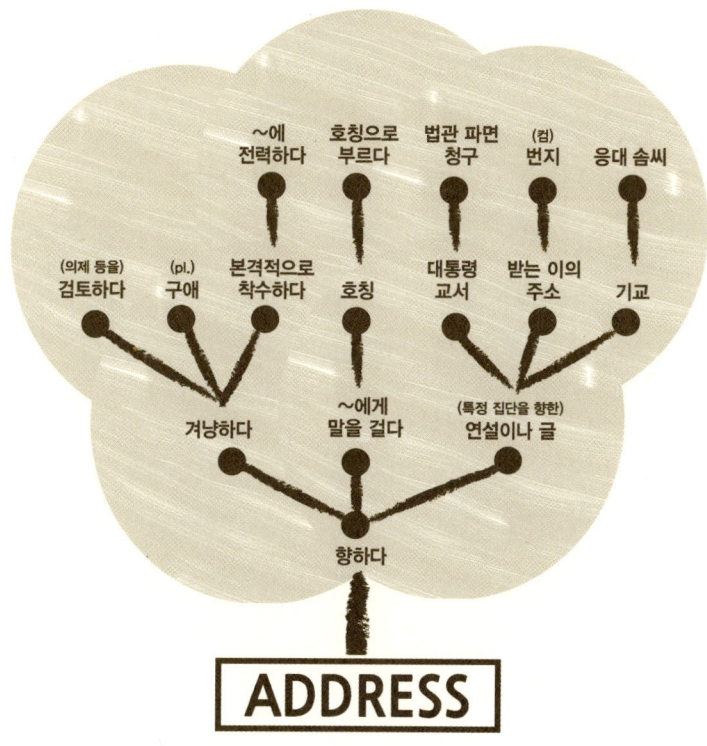

Chapter 3_의미나무 사례들

떤 일을 향해 겨냥한 다음에 이루어지는 '착수하다'로 옮겨간다. 'She addressed herself to the business at hand'는 '그녀는 당면한 일에 착수했다'로 해석할 수 있다. '착수하다'는 강도를 한 단계 높여서 '~에 전력을 다하다'로 확장한다. 'He addressed his attention to the problem'에서 'address'는 단순히 '착수하다'를 넘어 그 문제에 '전력을 다하다'라는 의미로 쓰였다.

'address'의 두 번째 의미가지는 '~로 향하다'에서 출발해 특정 집단을 향해 말이나 글을 전달한다는 의미로 이어진다. '연설'이 여기에 해당하는데 'The president gave an address to the Korean people'에서 'address'는 '(대통령이 한국인들에게 한) 연설'을 뜻한다. 나아가 '연설'은 대통령이 의회에 보내는 '교서 the address'나 의회가 행정부에 보내는 법관 해임 청구 문서로 의미가 확장한다. 같은 테두리 안에서 'address'는 '국가 기관에 대해 일정한 사항을 문서로 진정하다'라는 의미의 '청원하다'라는 뜻을 가지기도 한다. 'He addressed a petition to a parliament'라는 문장에서 정확히 '청원하다'로 쓰였다. '연설'이나 글은 그것을 전달하기 위한 '주소'로 이어지고, '주소'는 다시 컴퓨터에 사용하는 '메모리의 번지 memory address'로 연결된다. '연설'은 또 좋은 연설에는 기교가 필요하다는 차원에서 '기교'나 '재간'을 나타내기도 한다. 'with address'는 '재간 있게'라는 뜻이며 'show great address'는 '뛰어난 기교를 보이다'라는 뜻이다. 나아가 '응대 솜씨'라는 의미도 있다. 'a man of pleasing address'는 바로 '응대 솜씨가 좋은 사람'이라는 뜻이다.

끝으로 'address'는 '특정 사람에게 말을 걸다'라는 의미를 가진다. 'She was surprised when he addressed her in English'는 '남자가 여자에게 영어로 말을 걸었다'라는 뜻인데 'address'의 어원이 '~로 향하다'이므로 사람이 사람에게 다가가서 하는 행동이 말을 거는 것이라는 점에서 공통분모가 있는 셈이다. '특정인에게 말을 걸다'는 다시 '호칭'이라는 명사로서의 쓰임과 '호칭으로 부르다'라는 동사로서의 쓰임으로 연결된다. 'polite forms of address'는 '경칭', 즉 '공경하여 부르는 칭호'를 뜻하며 'The judge should be addressed as -Your Honor-'는 '판사에게는 -존경하는 판사님-이라는 호칭을 사용해야 한다'라고 해석할 수 있다. 'address'는 이렇게 의미가지가 이어지는 과정에서 명사로서의 의미와 동사로서의 의미가 번갈아 파생해가는 인상적인 모습을 보여준다.

'want'는 왜 '결핍'이라는 의미로 쓰일까?

'want'는 '~이 부족하다'라는 어원을 가지고 있다. 'Her manner wants consideration for others'는 '그녀는 다른 사람에 대한 배려가 부족하다'라는 뜻으로 어원의 의미를 잘 반영하고 있다. '부족하다'는 의미는 크게 '모자라다'와 '~이 필요하다'로 나뉜다. '모자라다'의 경우는 'The fund wants a million dollar of the sum needed'에서처럼 전체 양에서 부족한 부분을 표현할 때, '필요하다'는 'They want more furniture for the new office'와 같이 전체 양과는 상관없이 더 필요한 부분을 표현할 때 사용한다.

먼저 '모자라다'는 명사형으로 의미를 확장해서 '결핍'이라는 뜻이 된다. 'a long-felt want'라고 하면 '오랫동안 느껴온 결핍'이라고 해석할 수 있다. 또 '모자라다'는 무언가가 모자라서 빈곤함, 즉 재물의 관점에서 부족함을 뜻해 'live in want(빈곤한 생활을 하다)'처럼 쓰인다.

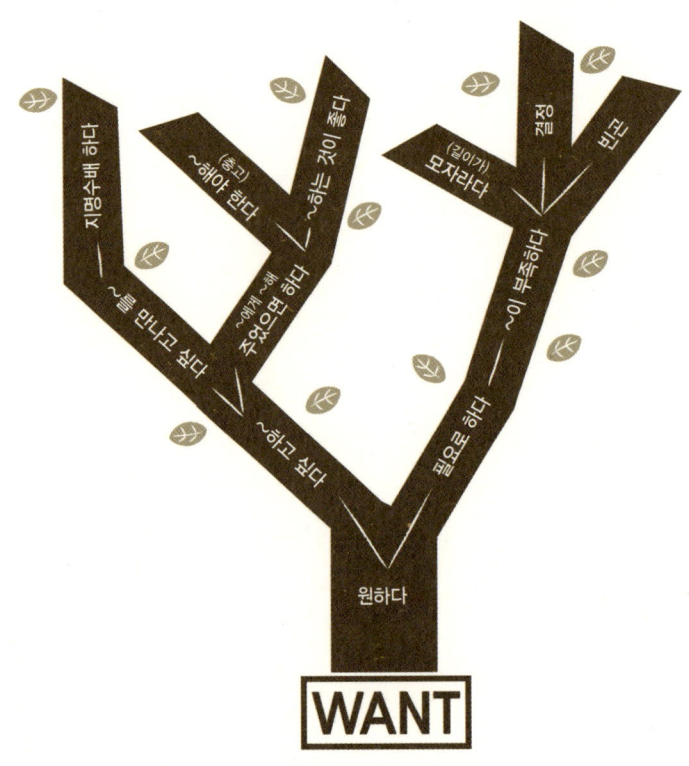

그런가 하면 '~이 필요하다'라는 의미는 훨씬 적극적으로 변해서 '원하다'라는 뜻으로 확장한다. 'want'가 가장 주되게 쓰이는 용도이기도 한데 'Let me know what you want(원하는 바를 알려 달라)'처럼 일상 회화에서 빈번하게 쓰인다. '원하는' 대상이 사물이 아니라 동사 형태의 구를 동반하면 '~을 하고 싶다'로 그 의미가 넓어진다. 예를 들어 'I want to go to Spain'이라는 문장은 '스페인에 가기를 원하다'니까 '스페인에 가고 싶다'로 자연스럽게 해석할 수 있다. '~을 하고 싶다'는 다시 '누군가를 만나고 싶다'나 '누군가를 찾다'로까지 연결된다. 이 맥락에서 'You are wanted on the phone'은 '전화로 누군가가 당신을 찾는다'라는 뜻이므로 '전화 왔어요'에 해당한다. 또 사람을 원하니까 'She is wanted by the police'의 'want'처럼 '수배하다'라는 뜻으로 쓰이기도 한다. 그리고 '원하다'는 주체적인 입장에서 벗어나 '(다른 사람에게 어떤 일을 해주기) 바라다'라는 의미로 넘어간다. 'She wants me to protect her'에서 'want'는 내가 무엇을 원하는 것이 아니라 '상대가 나에게 보호해주기를 원하다'라는 뜻이다. 이 의미는 다른 사람에게 하는 강한 충고나 권유로 이어진다. 'You want to see a doctor'처럼 상대에게 의사의 진찰을 강하게 충고하거나 권유하는 것이 여기에 해당한다. 모자라거나 부족함의 의미가 '결핍'이나 '빈곤'으로 이어지고, 누군가를 만나고 싶다는 뜻이 '지명수배'로 이어지는 점은 어떤 행동과 그로 인해 발생하는 상태가 잘 연결된 의미의 확장이라고 할 수 있을 것이다.

개념의 다단계적 의미 확장

낱말은 확장하는 범위가 커질수록 어원의 뜻에서 멀어지게 된다. 지금까지 살펴본 의미나무들의 경우 최초 어원에서 평균 3~4단계 확장한 의미를 가졌으나 이 장에서 살펴볼 낱말들의 확장은 5단계에서 6단계까지 나아간다. 이처럼 어원에서 멀리 파생한 낱말일수록 의미나무를 통한 학습 효과는 더 높아질 수 있다.

'spring'은 '봄'만 뜻하지 않는다

'spring' 하면 머릿속에 딱 떠오르는 두 가지가 있을 것이다. 하나는 'spring', 'summer', 'fall', 'winter' 하는 식으로 외운 계절에 대한 것이고, 또 하나는 철로 만들어져 탄력이 있는 물체 '용수철'이다. '용수철'은 'spring'의 우리말 발음 '스프링'으로 정착하다시피 한 만큼 우리에게 매우 친숙한 단어이기도 하다. 누구나 어릴 적에 샤프펜슬이나 볼펜을 분해해서 '스프링'을 빼낸 뒤 늘리거나 튕기면서 놀아본 기억이 있을 것이다.

'spring'은 명사적 의미로서 '봄', '용수철', '탄력', '샘', '생기', '획 뛰어오름' 등 많은 뜻을 가지고 있다. 명사 못지않게 동사적 쓰임도 다양한

데 '휙 움직이다', '튀다', '불쑥 말하다', '갑자기 나타나다', '탈출(탈옥)을 돕다' 등이 있다. 어떤 뜻은 의미들 간 유사성이 보이지만 전체적으로 다 잘 연결되는 것은 아니다. 'spring'의 어원은 '(갑자기) 뛰어오르다'이다. 'With a sudden spring, the cat leapt onto the table'에서처럼 '고양이가 갑자기 테이블 위로 뛰어올랐다'라고 표현할 때 쓴다.

'(갑자기) 뛰어오르다'라는 의미는 두 갈래로 나뉘어 하나는 '(갑자기) 솟아나오다'라는 뜻이 되고, 다른 하나는 '용수철'로 분화한다. 'sparks sprang from the fire'에서 'spring'은 불 속에서 튀어나온 불꽃의 상태를 일컬으며, 'wind a spring'에서 'spring'은 감기는 대상인 태엽, 즉 '나선형으로 된 용수철'을 의미한다.

'(갑자기) 솟아나오다'는 그로부터 더 깊이 확장한다. 첫 단계에서는 '솟아오르다', '폭발하다', '튀어나오다'로 나뉜다. 모두 어떤 것이 위쪽을 향해 움직인다는 공통된 의미를 가지고 있는데 이후의 의미 확장에서는 각각의 의미가지들의 뜻이 매우 달라진다. 우선 '솟아오르다'는 땅 위로 물이 솟아올라 이루어진 '샘'이라는 의미를 가지게 된다. 'a hot spring'은 땅에서 따뜻한 물이 솟아올라 만들어진 샘, '온천'을 말한다. 그리고 땅속에 있던 생명이 솟아나는 '싹트다'로 옮겨가는데 'Every plant springs from its seed'에서 'spring'은 '식물에서 싹이 트다'라는 뜻이다. '싹이 트다'는 또 두 갈래로 나뉘어 싹이 터서 무언가가 생겨난다는 탄생의 개념과 연결된 다음, 거기서 다시 '어디 출신이다'로 이어진다. 우리에게는 익숙하지 않은 표현이지만 'The young lady was sprung from a royal stock'이라고 하면 '그 젊은 여자는 왕가 출신이었다'라고 해석해야 한다. 또 '싹트다'는 싹이 트고 생명이 태동하는 계절인 '봄'으로 연결된다. 여기에 더해 봄의 계절적 특징인 '활기'와 '생기'로 확장한다. 'She walked along with a spring in her step'에서 'spring'은 '생기 있게 걸었다'라는 뜻으로 쓰였다. 애초의 '(갑자기) 튀어오르다'가 다섯 단계의 변화 과정을 거치며 처음 의미에서 매우 멀어졌다는 것을 확인할 수 있다.

'튀어나오다' 역시 몇 가지 의미로 확장해간다. 먼저 '튀어나오다'에서 갑작스러운 동작에 대한 영역으로 연결되면서 '갑자기 움직이다'나 '(갑자기) ~하다'로 옮겨간다. 'Their new drama sprang into unexpected popularity'라는 문장은 '(예전에는 그렇지 않았던) 드라마가 갑작스럽게 인기를 끌게 되었다'라는 뜻이다.

'용수철'이라는 명사적 의미가지에서는 '용수철'이 가진 속성과 관련한 의미 변화를 엿볼 수 있다. '용수철'은 기본적으로 탄성 또는 탄력을 가지고 있는데 'The mattress has lost its spring'에서 'spring'은 매트리스의 '탄력'을 뜻하는 명사로 쓰였다. 그리고 용수철을 눌렀다 놓으면 튕겨지는 현상에서 '튕기다' 또는 '튕겨지다'라는 뜻과 탄력의 기본 성질인 휘어짐과 관련해서 '휘게 하다'로 확장한다. 'The branch sprang back and hit him in the face'는 '나뭇가지가 튕겨져 나와 그의 얼굴을 때렸다'라고 해석할 수 있다. 산길을 걷는데 앞사람이 지나가면서 길가로 삐져나온 가지가 휘었다가 뒤따라오는 사람을 탁 치는 상황을 연상하면 될 것이다. 탄력이 있는 물체는 부러지지 않고 구부러지므로 판자 따위를 구부러뜨리는 경우에도 '휘게 하다'를 'spring'으로 쓴다. 그리고 탄력이 있는 물체라 하더라도 지나치게 힘을 주면 쪼개지므로 여기서 'spring'은 '쪼개다'라는 의미로까지 나아간다. 또 '튕기다'는 의미가 전혀 다른 '석방하다'로 확장한다. 예를 들어 인질이란 원래 자유롭게 지내다가 괴한들에 억류당한 사람들인데 그들을 다시 자유롭게 풀어준다는 의미로서 마치 '용수철'에 힘을 가해 누르면 줄어들었다가 힘을 빼면 다시 원래 모양으로 돌아오는 것과 유사한 현상이라는 데서 'spring'이 쓰인다. 따라서 'The president sought to spring the hostages'라는 문장은 '대통령은 인질들을 풀어줄 방도를 찾았다'라고 해석해야 한다.

'run'은 '뛰다'가 아니다

우리는 'run'을 아주 당연하다는 듯이 '뛰다'로만 알고 있는데 사실 'run'은 움직임에 대한 다양한 의미를 가지고 있다. 우리말의 '뛰다'는 물가가 뛰거나 현장에서 발로 뛰거나 심장박동이 뛰는 등 물리적인 움직임에 대한 부분을 표현하는 데 비해 'run'은 어떤 장소로 이동하는 행위나 속도를 측정하는 달리기 경쟁은 물론 정치인으로 입후보하는 일이나 회사를 경영하는 데까지 쓰인다. 즉, 'run'은 '직접 발로 뛰는 동작'에만 의미가 한정되어 있지 않다. 우리는 그동안 영어의 'run'과 우리말의 '뛰다' 사이의 공통분모에 해당하는 '두 발로 빠르게 움직이다'라는 뜻에 한정해서 'run'을 이해했다고 할 수 있겠다.

'run'의 어원은 '뛰다' 또는 '흐르다'로 이 둘의 공통점은 '빠른 움직

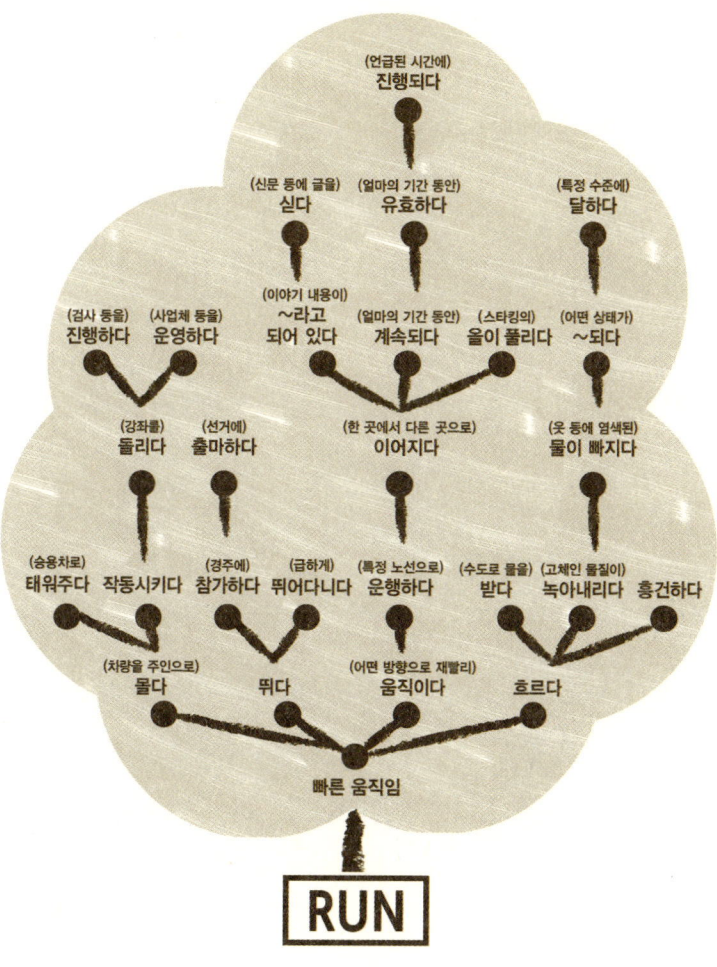

Chapter 3_의미나무 사례들 127

임'이라 할 수 있을 것이다. 가장 널리 쓰이는 용법도 'Can you run as fast as Tom?'에서처럼 '빠르게 달리다', '빠르게 움직이게 하다'라는 의미다. 또 '(자동차 등)을 몰다'로도 쓰여 'I can't afford to run a car on my salary'라고 하면 '내 월급으로는 차를 몰 형편이 안 된다'라고 해석할 수 있다.

'차를 몰다'는 다시 두 가지 의미로 분화하는데 하나는 내가 운전하는 차량에 다른 사람을 '태워주다'이며, 다른 하나는 차를 몰 때 자동차라는 거대한 기계가 움직이듯 어떤 기계를 '작동시키다'라는 것이다. 'Shall I run you home?'에서는 'run'이 '태워주다'라는 뜻으로 쓰였고, 'John had the sewing machine running'에서는 '전기톱을 작동시키다'라는 뜻으로 쓰였다. '작동시키다'는 다시 추상적인 개념으로 변해서 '(강좌 등을) 돌린다(운영한다)'라는 의미로 진화한다. 'The college runs winter courses for foreign students'라는 문장에서 'run'은 '(동계 강좌를) 운영한다'로 해석할 수 있다. 또 강좌를 운영한다는 것은 프로세스를 진행한다는 점에서 '검사를 진행하다'라는 의미로 이어진다. 'The doctors decided to run some more tests on the tissue samples'는 'run'을 '검사를 진행한다'는 뜻으로 사용한 사례다. '(차량을) 몰다'에서 파생한 의미가지의 마지막은 '사업체를 운영하다'라는 뜻인데 이는 당연히 '(강좌를) 운영하다'처럼 어떤 대상을 운영한다는 공통적 의미에서 파생한 것이다. 'He had many ideas how to run a business'에 쓰인 'run'이 바로 '사업을 운영한다'는 의미다.

두 번째 의미가지는 '경주에 참가하다'라는 뜻이다. 이는 다른 후보들과 당선을 위해 서로 경쟁하는 선거 분야로 확장한다. 그래서 'run'은 선거에 '출마하다'라는 뜻을 가진다. 'Clinton ran a second time in 1996'는 '클린턴이 발로 뛰어서 달렸다'는 뜻이 아니라 '클린턴이 1996년에 두 번째 출마했다'라는 뜻이다. 이밖에도 시장 선거에 출마한다고 할 때는 'run for mayor', 일반적인 선거에 출마한다고 할 때는 'run in the election'이라고 한다.

세 번째 의미가지는 가장 여러 단계에 걸쳐서 바뀐 경우다. 시작은 우리가 익숙하게 사용해온 '달리다' 또는 '움직이다'라는 뜻이다. 이것은 꼭 사람에 한정해서 사용하지는 않아서 예를 들어 'The truck ran off the road in the ditch'에서처럼 '트럭의 움직임이 길에서 벗어나 도랑에 박혔다'라고 할 때도 쓰인다. 그리고 단순히 경쟁하기 위해 전력질주를 한다는 의미뿐만 아니라 이리저리 바쁘게 뛰어다녔다는 것을 표현할 때도 쓸 수 있다. 'She has spent the whole day running around after the kids'에서 'run'은 '아이들 뒤를 이리저리 뛰어다니며 하루를 보냈다'는 내용을 표현하기 위해 쓰였다. '뛰다'가 아닌 '움직이다' 쪽으로 가면 특정한 코스를 정기적으로 움직이는 버스 등이 특정 노선으로 '운행하다'라는 의미를 가진다. 'Buses to Oxford run every two hours'에서 'run'은 두 시간마다 정기적으로 운행하는 '(버스의) 움직임'을 뜻한다. 여기서 재미있는 의미의 연결이 등장하는데 버스를 비롯한 다양한 노선의 구조가 한 곳에서 다른 곳을 연결하여

왕복한다는 관점에서 'run'이 '(한 곳에서 다른 곳으로) 이어지다'라고도 쓰인다는 점이다. 즉 'He had a scar running down his right cheek'에서 'run'은 '뛰다'나 '운영하다'가 아닌 '오른쪽 뺨에서 아래쪽으로 길게 나 있는 흉터'를 표현하는 데 쓰였다. 같은 맥락에서 여자들이 신는 '스타킹에 길게 올이 풀린 자국'도 'run'으로 표현한다. 'You have a run in your stocking'은 '너 스타킹 올이 풀렸어'라는 뜻이다. '이어지다'는 다시 어떤 이야기의 내용이 '~라고 되어 있다' 하는 식으로 이어진 이야기의 내용 부분을 일컬을 때 쓴다. 끝으로 'run'은 이야기의 내용을 매체에 올리는 '글을 싣다'로 확장하는데 'On advice from their lawyers they decided not to run the story'와 같은 문장에서가 그렇다

'Their argument ran something like this.' 이 문장에서 'run'은 주장이 내용으로 '이어지는' 부분을 의미한다. '이어지다'는 '계속되다'로 연결되어 'Her musical ran for three months on Broadway'는 '3개월 동안 뮤지컬이 계속되었다'로 해석할 수 있다. '계속되다'는 다시 '유효하다'로 의미를 확장했다가 '(언급한 시간에) 진행되다'로 나아간다. 'Programs are running one hour behind schedule this morning'은 '오늘 아침에는 프로그램이 예정보다 한 시간 늦겠습니다'라는 뜻이다.

끝으로 'run'의 네 번째 의미가지에서는 '뛰다' 또는 '움직이다' 같은

의미가 자의로 이루어지는 것이 아니라 액체 등이 외부의 힘에 의해 움직이는 '흐르다'가 된다. 예를 들어 'The river runs into the sea'에서처럼 '물이 빨리 흐르다'라는 의미로 쓰인다. 물뿐만 아니라 많은 액체가 흐르거나 고체가 흘러내리는 경우에도 같은 표현을 쓸 수 있는데 'Her face was running with sweat'에서는 땀이 흐르는 것을 뜻하고, 'The wax began to run'에서는 왁스가 녹아내리는 것을 뜻하며, 'She ran hot water in the bathtub'는 '욕조에 흐르는 물을 받았다'라는 뜻이다. 모두 '흐르다'에서 나왔다.

한편 '흐르다'는 '(왁스 같은 것이) 녹아내리다'로 확장해서 옷에서 염색 물질이 빠질 때처럼 '물이 빠지다' 또는 '색이 번지다'로 옮겨간다. 'Materials that run when washed'는 '빨면 물이 빠지는 재질'을 뜻한다. 옷의 색이 빠지듯 '어떤 상태가 되었다'고 할 때도 'run'을 쓸 수 있다. 'We've run short of milk'는 '우유가 떨어진 상태'를 말한다. 아울러 어떤 상태가 되는 것을 넘어서 특정한 수준에 '도달했다'는 의미로도 쓰이는데 'Inflation was running at 30%(인플레이션이 30퍼센트에 달했다)'라는 문장에서의 쓰임이 그렇다. 'run'은 의미나무의 의미가지들이 매우 긴 만큼 의미의 변형도 큰 단어 가운데 하나다.

'custom'이 '세관'이자 '주문생산'을 뜻하는 이유

'custom'은 학창 시절에 '관습'이라는 뜻으로 먼저 배우고 나중에

Chapter 3_의미나무 사례들

'관세'나 '세관'이라는 뜻을 추가로 알게 되었을 것이다. 일상생활에서 '관습'이라는 의미로 'custom'을 쓸 일은 별로 없겠지만 언론 매체에서 수출입 관련 기사를 보거나 해외를 오갈 때 공항에서 '관세'나 '세관'을 'custom'으로 표기해놓은 것은 본 적이 있을 것이다. 더 일상적으로 접하는 경우는 의류 업계에서 쓰는 'Custom Fit'으로 특정 체형에 맞게 만든 옷을 말한다. 전자공학 등을 전공한 공학도라면 'Custom IC Integrated Circuit, 집적회로'라고 해서 '범용 IC'가 아닌 특정한 목적을 위해 만든 IC를 일컬을 때 'custom'을 사용한다는 것을 알고 있을 것이다.

'custom'은 'customer'와 함께 '고객'이라는 의미로도 쓰여 'customer experience'라고 하면 '고객 경험'을 말한다.

어떻게 'custom'이라는 단어에서 이런 의미들이 파생한 것일까? 먼저 'custom'의 어원을 보면 'habitual practice'라고 나와 있다. '습관적인 행동'이라는 뜻이다. 'It's my custom to go for a walk at noon'은 'custom'이 어원과 같은 의미로 쓰인 좋은 예문으로 '정오에 산책하는 것이 바로 나의 습관'이라고 옮길 수 있다. 'custom'은 두 갈래로 확장한다. 하나는 '많은 사람으로 구성되어 있는 집단이 가지는 습관', 즉 '관습'이라는 의미, 다른 하나는 '어떤 상점에서 반복적으로 물건을 구매하는 사람', 즉 '단골'이라는 의미다. 'The custom of giving presents at Christmas'에서 'custom'은 '성탄절에 선물을 주는 관습'을 표현하는 데 쓰였다. 또 'lose custom'이라고 하면 '고객이 줄었다'는 뜻이다.

'관습'은 다시 관습이 굳어져 지키지 않으면 안 되는 법의 형태로 정착해서 '관습법'이 된다. 'custom of trade'는 이런 관점에서 동업자 간의 관례, 곧 '상관습에 대한 법'을 뜻한다. '관습법'은 또 지켜야 한다는 속성에 따라 '의무duty'라는 뜻을 얻게 된다. 그리고 중세 때는 봉건 영주에게 의무적으로 바치는 '조공'이라는 뜻, 국제 무역 시대에 이르러서는 주로 수입하는 물건에 의무적으로 부과하는 '세금'이라는 뜻이 추가되었다. 'custom free'는 이런 관점에서 '면세'를 뜻한다. 나아가 공항이나 항구에서 '관세'를 부과하는 '세관'과 이와 관련한 업무를 관장하는 '관세청The Bureau of Customs'이라는 뜻까지 갖게 되었다.

'custom'의 또 다른 의미가지인 '단골'은 현대 사회로 넘어오면서 단순히 상점이나 가게 수준이 아니라 거대한 기업 단위로 규모가 커져서 '(특정 기업의) 고객'이라는 뜻으로 바뀌었다. 'The company has a large custom'이라는 문장에서 'custom'은 '고객이 많다'는 뜻으로 쓰였다. 많은 사람을 포괄하는 '집단적 고객'이라는 의미로 발전한 것이다. 다른 한편으로 '단골'은 단골이기에 받을 수 있는 서비스 영역으로 확장해 요즘에는 일반적이지 않지만 자주 가는 상점에서 '(옷이나 구두 같은 것을) 개인 맞춤으로 제작하다'라는 뜻으로 의미가 변한다. 몸의 치수를 직접 재서 만들어주는 양복점에 가면 간판 등에서 볼 수 있는 'custom suit'가 곧 '맞춤 양복'이라는 뜻이다. 이 의미는 더 확장해서 '주문생산을 하다'가 된다. 'a custom tailor'라고 하면 '주문생산을 하는 양복점'이라는 뜻이다. 'custom'은 단어의 의미를 확장해가는 과정에서 여러 단계의 변화를 보여준다.

'charge'가 '돌격하다'라는 의미로도 쓰이는 이유는?

'charge'라는 단어의 어원은 '싣다load'이다. 여기서 첫 번째 의미가지는 물건을 실으면 공간이 채워진다는 개념에서 '채우다'로 확장하고, 두 번째 의미가지는 물건을 구매했을 때 바로 돈을 지불하지 않고 '장부에 구매한 내용을 기록해둔다'는 의미로 갈라진다. 돈을 내지 않은 사람이 지불해야 하는 내역을 장부에 기재하는 것을 말한다.

'채우다'의 'charge'는 사람들이 IT 기기를 많이 사용하면서 특히 스마트폰이나 스마트워치, 태블릿 등을 거의 매일 충전하면서 익숙해진 단어다. 당연히 전지 등을 '충전하다'라는 뜻을 가지고 있다. 여기서 확장해 총에 총알을 '장전하다'라는 뜻으로도 쓰이고 이런 의미가 더 발전해 '(사람이 어떤 감정으로) 가득 차다'라고 할 때도 쓴다. 전기를 필

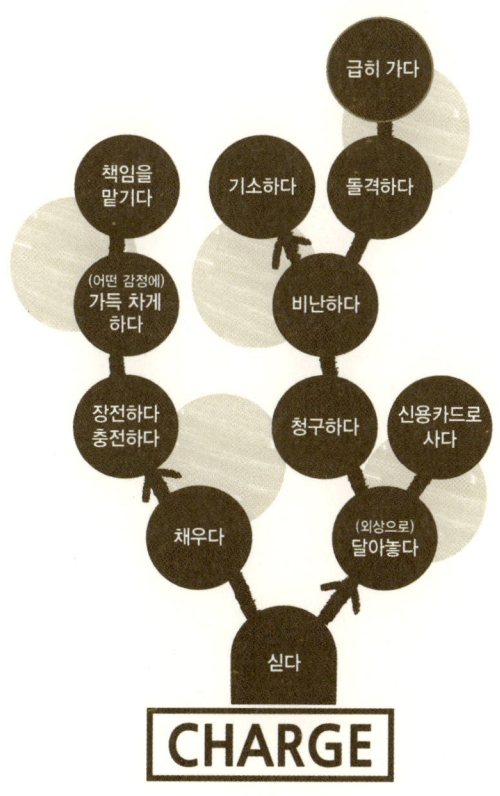

요로 하는 기기가 충전을 통해 배터리가 가득해지고 총에 총알을 장전하면 탄창이 가득해지듯이 사람도 어떤 감정으로 가득 찼을 때 'charge'를 써서 표현할 수 있다. 꼭 사람이 아니더라도 쓸 수 있는데 '그 방은 분노로 가득 차 있었다'라고 할 때 'The room was charged with hatred'라고 하면 된다.

두 번째 의미가지는 장부에 외상을 기록하는 데서 발전해 결제와 관련한 '신용카드로 사다(지불하다)'라는 의미와 외상으로 구매한 것을 '갚으라고 요청하다'라는 청구의 의미로 분화한다. 그리고 '청구하다'는 다시 어떤 물건에 대해 '대가를 요구하다'로 옮겨가는데 'They charged 10$ for lunch'에서 이런 의미로 쓰였다. '청구하다'는 다시 'The mayor is charged with managing the city within the budget'에서처럼 '책임을 지우다' 그리고 'He was charged with murder'에서처럼 '죄를 씌우다'라는 의미로 발전한다. 이외에도 '청구하다'는 요청한다는 관점에서 '명령하다'로 연결되고, '명령하다'는 또 전쟁터에서 흔히 이루어지는 명령인 '돌격하다'로 이어지며, '돌격하다'는 빠르게 전진한다는 의미에서 '급히 가다'로 분화한다. 'The children charged down the stairs'에서 'charge'는 '어린아이들이 아래층으로 급히 간다'라는 표현에 쓰였다. 'charge'도 여러 단계의 의미 변화를 거치면서 전혀 다른 뜻으로 거듭난 단어라고 할 수 있다.

'stock'은 어떻게 '주식'이라는 뜻을 가지게 되었을까?

'stock'도 다양한 의미로 쓰이는 단어 가운데 하나다. 회사 생활을 하는 사람이라면 생산한 제품의 '재고'를 일컬을 때, 주식 투자를 해본 사람이라면 바로 그 '주식'을 'stock'이라 한다는 것을 알 것이다. 'The company has a fast turnover of stock'이라는 문장에서는 '재고'로 쓰여 '재고가 빠르게 회전하다'라는 뜻이고, 'out of stock' 하면 '재고가 없다'는 뜻으로 상거래 분야에서 널리 쓰이는 표현이다. 주식시장에서는 'stock prices'가 주식의 가격, 즉 '주가'를 뜻하고 'stockbroker'는 '주식 중개인'이란 뜻이다. 여기에 '재고'나 '주식'과 전혀 상관없이 요리할 때 쓰는 '육수'를 'stock'이라 해서 'vegetable stock'이라고 하면 '채소 육수'라는 뜻이다. 그렇다면 'stock'은 어쩌다 이렇게 다양한 의미를 가지게 되었을까?

'stock'의 어원은 '나무의 줄기main stem or trunk'에 있다. 그래서 나무 줄기 모양으로 생긴 물건들을 'stock'으로 표현하기도 한다. 예를 들어 'the stock of a rifle'은 나무로 된 소총의 개머리판 부분을 말한다. 쟁기의 손잡이나 대패의 몸통도 나무로 되어 있는데다 사람이 잡는 부분에 해당하므로 같은 맥락으로 볼 수 있다.

'stock'에서 가장 많이 파생한 분야는 나무의 줄기를 베어서 저장해 두었다가 추울 때 땔감으로 쓴 데서 유래한 '저장품'이라는 개념이다. 이는 저장품이 보관해둔 물건이라는 데서 상품의 '재고'를 뜻하게 되

Chapter 3_의미나무 사례들 137

고, '재고'는 다시 포괄적인 의미에서 회사의 자산을 뜻하는 '자본금'으로 넘어간다. 그리고 현대적 관점에서 회사의 '자본금'은 주식과 직결되므로 '주식'이라는 뜻을 얻게 된다. 이 의미가지의 마지막에는 주식과 같은 채권 형태로 거래가 가능한 '국채' 또는 '공채'가 등장한다. 저장품은 집 안에 저장해놓았다가 자주 꺼내 쓴다는 차원에서 '자주 쓰이는'이라는 뜻을 가지게 되며 이런 맥락에서 'stock response'는 자주 나타나는 반응, 즉 '상투적 반응'이나 '기계적인 반응'으로 의미가 확장된다.

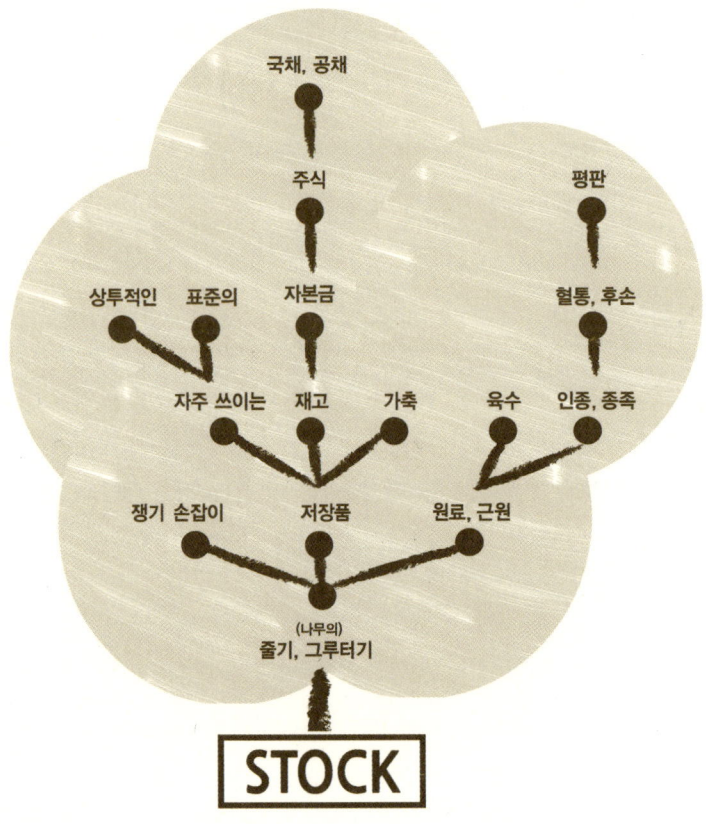

'나무의 줄기'에서 파생한 마지막 의미가지는 나무의 물리적인 속성을 활용한 '원료'라는 의미와 나무가 땅에 뿌리를 내리는 생물학적 속성에서 나온 '근원'이라는 뜻이다. 이런 관점에서 'paper stock'은 '제지의 원료'라는 뜻이다. '원료'는 음식을 만드는 근원인 '육수'로 옮겨가는데 'vegetable stock', 'beef stock', 'chicken stock'이 모두 여기서 유래한 표현들이다. 이밖에도 'Their stock was high'에서처럼 '평판'이라는 의미로도 쓰이는데 이는 '혈통'이나 '후손'에서 발전한 것으로 '근원'이라는 의미가 '인종'이나 '종족'이라는 단계를 거쳐서 생겨난 것이다. 따라서 '그녀는 좋은 집안의 후손이다'라고 하려면 'She comes of a good stock'이라고 표현하면 된다.

의미의 영역이 넓어진 단어들

지금부터 살펴볼 단어들은 앞에 나온 단어들만큼 여러 단계에 걸쳐 그리고 깊이 있는 의미 변화가 일어난 것은 아니지만 하나의 단어가 상당히 넓은 영역에서 의미를 확장한 경우다. 단순히 의미만 변하는 것이 아니라 그 의미를 사용하는 영역이 매우 폭넓어진 경우다. 어원을 이해하고 영어 공부를 하면 이처럼 다양한 영역에서 각각 다르게 쓰이는 단어들을 더 쉽게 이해할 수 있게 될 것이다.

'reference'는 어떻게 '참고문헌'에서 '위탁'까지 다양한 의미를 가지게 되었을까?

'reference'는 논문을 많이 읽거나 직접 쓰는 이들에게 친숙한 단어다. 주로 논문이나 책에서 본문의 내용을 뒷받침하기 위해 인용한 글의 원전을 뜻하는 '참고문헌'을 'reference'라고 하기 때문이다. 예문을 통해 살펴보면 'There is a list of references at the end of a research paper'라는 문장은 '연구 논문의 끝에는 참고문헌들의 목록이 있다'라고 옮길 수 있다. 기업에서 새로이 사람을 채용할 때 전 직장에서 일했던 상사나 동료를 통해 그 사람이 어떤 인물인지 '(평판 등을) 조회'할 때도 'reference'라는 단어가 쓰인다. 'She has a good reference from her former manager'에서 'reference'는 '참고문헌'이 아니라 평판 조회를 거친 뒤에 추천할 만한 사람이라고 할 때

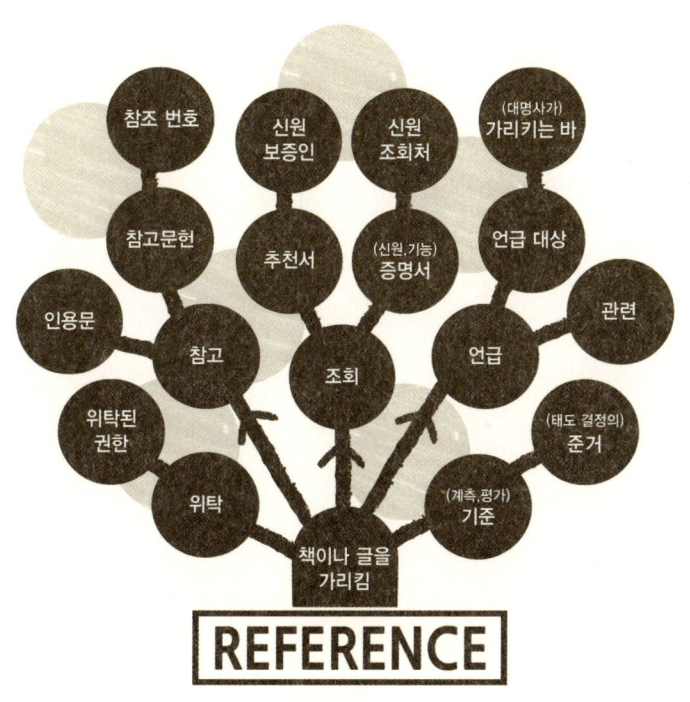

'good reference'의 형태로 쓰였다. 'reference'에는 이 두 가지 주요 의미 말고도 '언급', '위탁', '기준'이라는 뜻이 있다.

   'reference'의 어원을 살펴보면 이 단어의 다양한 의미가 애초에 특정한 책이나 글을 '가리키다'에서 파생했다는 것을 알 수 있다. 좀 전에 제시한 예문에서처럼 '평판 조회'는 기본적으로 무언가를 알아보려고 움직이는 것인데 그 대상은 사람인 경우가 대부분으로, 'The emergency nurse can treat patients with minor injuries without reference to a doctor(의사에게 문의하지 않고 응급 간호사가 치료를 할 수 있다)'라는 문장에서는 의사를 대상으로 치료 여부를 조회하는 문제에 'reference'가 쓰였다. 한편 'reference'는 '인용'이나 '조회' 외에 '언급'이라는 의미로도 쓰이는데 책이나 글을 가리키며 그 내용을 이야기하는 행동이 '언급하는 것'과 비슷하다는 맥락에서 나왔다. 따라서 'He made no reference to his future plans'는 '그는 자신의 미래 계획에 대해 언급하지 않았다'라고 해석할 수 있다. 나아가 '가리키는' 행동이 내포한 잠재적 의미와 연결되면서 '위탁'이라는 뜻을 가지기도 한다. 권한에 대해 위탁한다는 의미의 'reference'는 'The reference is very narrow'에서처럼 '위탁의 범위가 매우 좁다'라고 할 때 쓰인다. 끝으로 평가와 관련한 영역에서는 평가의 기준을 알려주는 부분을 '가리키는' 의미로 연결되어 '(계측이나 평가 등을 하는 데 필요한) 기준'이라는 의미를 가지기도 한다. 따라서 'a point of reference'를 '평가 기준'이라고 한다. 'reference'는 책이나 글을 '가리키다'에서 출발해 논문, 신원보증 및 조회, 내용의 언급, 위탁, 계측의 기준까지 의미의 영역을 다양하게 확장한 단어다.

'lean'은 '사람의 자세'에서 나와 '자동차의 엔진'을 설명할 때 쓰이게 되었다

'lean'이라는 단어는 보통 앉아 있는 자세에서 '기대다'라고 할 때 많이 쓰인다. 특히 'lean back'이라고 하면 '상체를 완전히 뒤로 젖히고 앉은 자세'를 뜻한다. 'lean back'은 미국 힙합 그룹 'Terror Squad'의

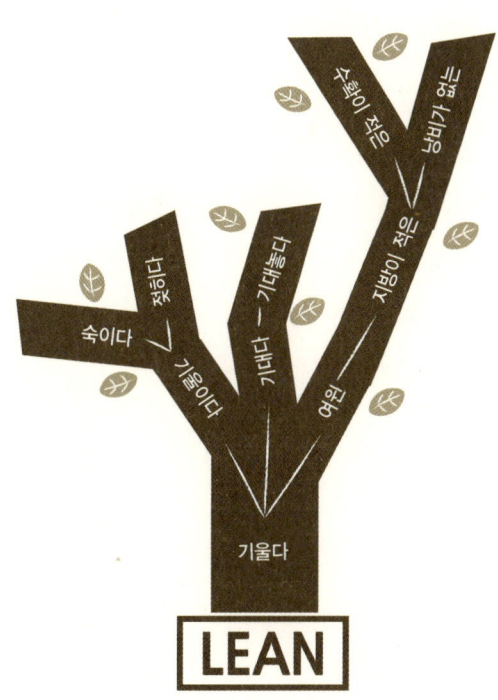

앨범에 들어 있는 노래 제목이기도 한데 뮤직비디오를 보면 래퍼들이 'lean back'을 외치며 허리를 뒤로 젖히는 동작을 한다. 'lean'이 갖고 있는 자세의 특징 때문인지 최근에는 의자를 판매하는 회사에서 상품의 장점을 설명하는 데 이 단어를 응용해서 쓰기도 했다.

'lean'에는 '기대다' 말고도 크게 '기울이다'와 '야윈'이라는 뜻이 있다. 이 둘은 너무 달라 보이지만 모두 '뒤로 기울다'와 '휘다'라는 'lean'의 어원에서 파생했다. 예를 들어 'The tower leans to the east'는 '탑이 기울어져 있다'는 뜻이다. 'lean'의 첫 번째 의미가지인 '기울이다'의 어원에 해당하는 '기울다'가 상태를 의미한다면 '기울이다'는 곧 그 상태를 만들어내는 동작에 해당한다고 할 수 있다. 따라서 '기울이다'는 특정 대상이 기울이는 행동을 하는 '숙이다'나 '젖히다'로 이어진다.

'숙이다'나 '젖히다'가 1인칭 표현이라면 두 번째 의미가지는 '주체와 객체의 관계'에 대한 표현을 담고 있다. 먼저 '기대다'의 경우 'Lean on my arm'에서처럼 나에게 기대는 상대와 그 상대가 기대는 내 팔의 관계다. 그리고 이런 의미는 나아가 '기대놓다'라는 상태의 표현으로 이어진다.

'lean'은 또 '야윈'이라는 뜻을 가지고 있다고 했는데 쉽게 기울어지는 물건들의 특성이 가늘거나 얇은 데서 나온 뜻이다. 앞에서 예로 든 탑이나 사람도 다 위로 길쭉한 특성을 지니고 있다. '야위었다'는 '지방이 적다'는 의미로 바뀌어 '살코기만 있는'이라는 뜻으로 옮겨간다. '지방이 적다'는 각각 긍정적인 의미와 부정적인 의미로 나뉘어 부정적인 경우에는 '적다'와 맥락을 같이 함으로써 '수확이 적은'이라는 의미를 가지며, 긍정적으로는 '낭비가 없다'는 뜻으로 쓰인다. 예를 들어 자동차가 기름을 적게 먹는다고 할 때 2000년대에 등장한 '린번 엔진lean-burn engine, 소량의 연료에 대량의 공기를 혼합시켜 연소하는 연비가 좋은 엔진'을 들 수 있다. 최근 몇 년 사이에 IT 업계에서 유행처럼 번진 '린 스타트업lean start-up' 역시 설립한 지 오래되지 않은 신생 벤처기업을 의미하는 '스타트업'과 '낭비가 없다'는 뜻의 'lean'이 결합한 단어로 신생 기업이 군더더기 없는 최소한의 핵심 목표를 수립하는 방식으로 회사를 경영하는 것을 일컫는다. IT 분야에서는 이처럼 '핵심에 집중한다'고 할 때 'lean'을 사용하기도 한다. 'lean'은 동작을 나타내는 동사에서 출발해 '야윈'이라는 상태를 수식하는 형용사를 거쳐 자동차와 IT 분야에서 서로 다른 의미로 널리 쓰이고 있다.

'late'는 왜 '최근'이라는 의미로 쓰이게 되었을까?

'late'는 하나의 단어라고 보기에는 너무 상반되는 의미를 가지고 있다. 'late'의 우리말 풀이인 '늦은'과 '최근' 사이에서는 유사성을 찾아볼 수 없을 뿐더러 아예 다르다는 느낌까지 받는다. '최근'은 정해진 시간에서 가까운 데 반해 '늦은'은 정해진 시간에서 멀리 있는 개념이기 때문이다.

'late'는 애초에 기대한 시간에서 벗어나 어떤 일이 발생한다는 개념에서 출발한다. 예를 들어 'He was late for school'이라고 하면 '원래 가야 하는 시각보다 늦게 학교에 가게 된 것'을 말한다. 등교처럼 사람이 움직이는 일뿐만 아니라 일 자체가 늦어진다는 뜻도 가지고 있다. 'We had a late dinner'는 '예정된 시간을 넘겨서 저녁식사를 하게 된 것'을 말한다. 둘 다 생각했던 시각보다 일이 늦게 이루어진 것이다. 여기에서 파생해 하루 가운데 또는 제철에서 늦었다는 의미로도 쓰인다. 'These are late fruits'에서 'late fruit'는 '제철보다 늦된 과일'이라는 뜻이다.

'late'는 '기준으로 하는 시각보다 나중'이라는 의미와 달리 '현재 시

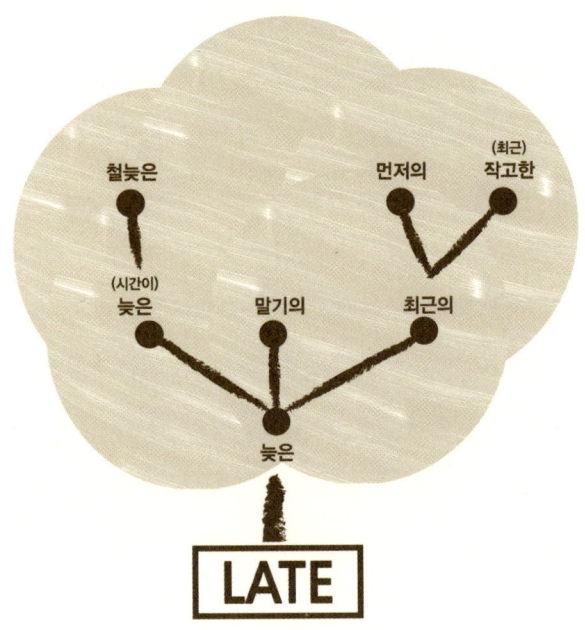

점에서 바로 앞'이라는 개념의 '최근'이라는 뜻도 가지고 있다. 'I have seen her of late'에서 'late'는 '최근'의 의미로 쓰여 '그녀를 최근에 보았다'라는 뜻이다. 또 'Her late husband'라고 하면 '최근에 작고한 남편'이라는 의미다.

끝으로 'late'는 특정한 기간이 주어진 경우 그 기간의 뒤쪽을 의미한다. 예를 들어 'the late 20th century'라고 하면 '20세기 말'을, 1901년부터 2000년까지의 뒤쪽에 해당하는 1990년대 즈음을 말한다. 'late'는 이렇게 서로 반대되는 의미를 가진 재미있는 단어다.

'leave'는 왜 '휴가'와 '허락'이라는 의미를 모두 가지게 되었을까?
'leave'는 주로 '(어떤 장소를) 떠나다'라는 뜻으로 쓰인다. 아울러 '남기다', '그만두다', '~한 채로 놔두다', '맡기다', '허용하다'라는 뜻도 가지고 있다. 명사로는 '허가', '허락', '휴가', '작별'로 쓰인다.

'leave'의 의미를 이해할 때는 관점의 차이를 중심으로 살펴볼 필요가 있다. 사람이 어딘가를 떠날 때 그 사람은 떠나가지만 그가 떠나면서 남겨지는 사람이나 두고 가는 물건이 있을 수 있기 때문이다. 같은 상황을 다른 관점으로 볼 때 'leave'가 쓰인다는 것을 이해하면 된다. 예를 들어 'Leave me alone!'이라는 문장은 '혼자 있게 내버려두라'는 뜻이지만 '나를 떠나라'도 된다. 또 '떠나다'가 떠난 채 돌아오지 않을 경우에는 '그만두다'라는 뜻으로 발전한다. 'The boy had to leave school'에서 'leave'의 쓰임새가 그렇다.

　남겨진 상태를 뜻하는 '두고 가다'는 물건을 두고 가는 것 말고 일을 놓아두거나 상태를 그대로 놔둔다는 의미로도 쓰여 'Leave the door open'에서의 'leave'가 여기에 해당한다. 물건이 남아 있는 경우, '무언가 남게 되다'라는 결과를 뜻하거나 '유족, 유산 등을 남긴다'는 표현으로도 쓰인다.

'두고 가다'의 의미가 그냥 놔두고 가는 것이 아니라 맡겨두고 가는 것으로 확장하면 누군가에게 '물건을 맡기'거나 '책임을 맡긴다'는 의미를 갖게 되는데 'I'll leave the decision to you'라고 하면 '책임을 타인에게 맡긴다'는 뜻이다. 여기서 다시 '허락을 해주는'으로 의미를 확장해 'You have my leave to act as you like'라고 하면 '내 허락 하에서'라는 뜻이 된다.

Chapter 4
영어 교육을 돌아보다

1. 인지구조와 영어 교육의 시너지
2. 영어 교육 2.0 시대

인지구조와 영어 교육의 시너지

　모든 공부는 사람의 머리를 통해 이루어진다는 측면에서 인지과학과 언어 학습은 꽤 공통적인 영역을 공유하고 있다. 사람은 인지 능력을 통해 대상을 지각하고 추상화하고 비교함으로써 언어를 구사한다. 덕분에 하나의 단어를 다양한 뜻으로 발전시키는데, 그 결과 처음에는 공간적 개념으로 쓰던 단어를 시간적 개념으로 쓰기도 하고 사물을 표현하는 단어를 추상화시키기도 한다. 이 과정을 살펴보면 마치 나무가 가지를 치듯 넓고 깊게 확장해나간다는 것을 알 수 있다. 여기서 발견하는 특징들이 인지과학 이론이 언어 교육에 부분적이나마 기여할 수 있는 근거가 될 것이다. 인지적으로 언어 능력은 언어를 근본적으로 어떤 개념으로 이해하고 받아들이느냐에 따라 달라진다. 그리고 이러한 원리를 이해한다면 효율적인 언어 학습 방식을 제시할 수 있는 길이 보일 것이다.

우리가 지금까지 이야기해온 영어 학습법의 문제점을 다시 한 번 정리해보자. 우리는 한국어와 영어단어를 일대일로 대응해서 외워왔고 아이들에게도 비슷한 방식으로 학습을 시키고 있다. 그러다 보니 맨 처음에 암기한 단어의 뜻에 갇혀버리는 경우가 많다. 이런 현상을 잘 설명하는 첫 번째 이론으로 형태심리학을 들 수 있다. 의식의 활동성과 지각의 전체성을 강조하는 형태심리학에는 '기능적 고착화functional fixedness'라는 개념이 있다. 사람은 특정한 물건을 사용할 때 대체로 그 물건을 오래 전부터, 또는 전통적으로 해오던 방식으로만 사용한다는 것이다. 즉, 자기도 모르는 사이에 기능을 제한해버리는 셈이다. 이를 '인지적인 편견cognitive bias'이라 부르기도 한다. 예를 들어 우리는 망치를 못 박는 용도로만 생각하지 망치의 무게를 이용해서 붓글씨를 쓰거나 그림을 그릴 때 종이를 눌러놓는 '문진文鎭, paper weight'으로 쓸 생각은 하지 않는다.

'기능적 고착화'는 이 책에서 말하고자 하는 전체적인 메시지를 대변하고 있기도 하다. 영어단어 학습에서도 비슷한 현상이 발생하기 때문이다. 우리가 암기하는 모든 단어는 뇌에서 첫 의미만 외워져 기억으로 고착화한다. 그리고 이후에는 오직 그 뜻으로만 해석하려는 경향을 보이게 된다. 물론 우리의 의도와 상관없이 자연스럽게 발생하는 현상이니 어쩔 수 없다. 이런 현상을 명칭만 조금 바꾸어 '의미적 고착meaning fixedness'이라 부르기도 한다. '의미적 고착'이 발생하면 그 단어를 다른 의미로 활용할 수 있는 가능성을 배제하게 된다. 예를 들어 'traffic'이라는 단어를 '교통'이라는 의미로만 기억하면 '인신 매매'를 뜻하는 'human traffic'을 엉뚱한 방향으로 해석할 수 있게 된다. 또 'fork'라는 단어를 일상생활에서 자주 사용하는 삼지창 모양의 식사 도구 '포크'로만 기억하면 '갈림길'이라는 뜻을 가지고 있는 'minor road forked left' 같은 구절은 해석할 수 없게 된다. 결국 그 단어의 본질적 의미를 이해했을 경우에만 하나의 단어를 여러 상황에서 응용하는 것이 가능해지고 이를 통해 단어 암기나 활용에 대한 '인지적 과부하 cognitive overload'를 줄일 수 있다.

이런 현상은 기억이론의 '최선효과 primacy effect'와 맥락을 같이 하기도 한다. '최선효과'란 여러 가지 내용을 외웠을 때 처음에 나온 것이 더 잘 기억에 남는다는 이론이다. 그 결과 최초로 암기한 의미로만 반복적으로 학습하려는 경향이 강해져서 다른 의미들은 점점 떠올리기 힘들어진다. '기능적 고착화'와 '최선효과' 탓에 사람들은 익숙한 표현에만 어휘를 묶어버리는 폐단을 겪게 된다.

이런 전제와 아울러 일반적으로 사물이 가지고 있는 '우세한 특성 dominant feature'을 인지하는 방식도 '의미나무'의 개념을 이해하는 데 도움을 줄 것이다. '우세한 특성'에 대한 이해를 돕기 위해 볼펜이라는 물건을 떠올려보자. 일반적으로 볼펜이라는 사물을 구성하는 특징은 볼

펜의 모양, 재료, 용도 등 여러 가지가 있을 것이다. 이렇게 하나의 사물을 몇 가지 특성으로 인지하는데 그 가운데서도 특히 우월하게 인지구조 안에 기억되는 특성이 있을 수 있다. 볼펜의 경우라면 아마 한 번 쓰면 지우개로 지울 수 없다는 것이 '우세한 특성'에 해당할 것이다.

다시 영어단어로 돌아가서 영어단어는 대부분 그 단어의 최초 의미인 어원이 있고 그 어원이 가진 의미가 분화하면서 여러 의미들로 확장한다. 앞서 설명한 'ring'이라는 단어는 처음에 'circular band'라는 의미로 쓰인 것으로 기록되어 있다. 여기서 '둥근 고리'라는 의미와 둥글다는 차원에서 '원형'이라는 의미로 확장한다. '둥근 고리'는 다시 '반지'나 '귀고리' 등으로 확장하고 '둥글다'는 개념은 '원형경기장'이라는 의미로 확장한다. 마지막에는 '원형'이라는 개념이 아예 없어지면서 '경기장'이라는 의미만 남게 된다. 이런 현상은 다른 단어에서도 나타난다. 목욕용품으로 유명한 '러쉬LUSH'라는 브랜드에서 판매하는 'Shampoo Bar'라는 제품이 있다. 둥근 모양의 고체로 된 샴푸다. 원래 'bar'라는 단어는 '기다란 물체'를 의미해서 직사각형 모양의 비누를 'soap bar'라고 쓴다. 한데 'LUSH'의 경우 샴푸가 기다란 직사각형 모양을 하고 있어서 'bar'라는 표현을 사용한 것이 아니라 기존의 액체 샴푸들과 형태가 달라서, 즉 비누처럼 딱딱한 제품이라는 측면에서 'bar'라는 표현을 썼다고 할 수 있다. 결국 비누의 모양이 아니라 물리적 속성을 차용하기 위해 'bar'를 가져다 쓴 것이다.

결국 각 언어를 쓰는 사람들이 사물을 어떤 '시각mental eye'으로 보느냐에 따라서 그 사물에 대응하는 단어가 달라지고, 시간이 흐르면서 의미가 다양하게 확장하며, 발전은 끊임없이 이어진다. 'ring'이나 'bar'의 사례에서 본 것처럼 처음 의미와 상관없이 사물의 우월한 특성에 따라 의미가 발전할 수 있는데 우리는 이런 특성을 언어적 관점에서 '우세한 특성이론dominant feature theory'이라 부를 수도 있을 것이다.

언어를 배운다는 것은 어려움의 연속이다. 새로운 언어를 배울 때마다 자신이 익숙해 있는 언어와 다르다는 생각에 이런저런 고민이 뒤따르기도 한다. 그 가운데서도 가장 큰 고민은 영어로 이야기할 때 얼마나 구체적으로 자세히 표현해야 하는가의 문제일 것이다. 예를 들어 'I heard the violin'이라고 해야 하나, 아니면 'I heard the sound of the violin'이라고 해야 하나. 실제로 우리가 듣는 것은 하나의 바이올린 소리지만 사람은 주어진 상황을 여러 각도에서 보는 능력이 있으므로 동일한 상황을 여러 가지 관점에서 표현하는 것이 가능하다. 실제로 소리를 듣는 것은 귀라는 신체 기관이지만 문장으로 표현할 때는 '내 귀에 들린 바이올린 소리'라고 하지 않고 나라는 사람의 전체적인 관점에서 '소리가 들렸다'라고 하듯이 말이다. 이처럼 언어는 전체적인 관점을 이해한 다음에 표현하거나 사용해야 한다.

단어 학습 역시 어원을 파악하는 작업과 아울러 전체적인 관점에서 바라보아야 한다. 바이올린 소리는 내 귀가 '들은active' '특정한specific'

영역이지만 실제 표현은 나라는 사람 '전체overall'가 받아들인 것으로 이해해야 한다. 즉, 직접적인 해석은 '특정하다' 하더라도 '전체적'인 의미를 품고 있는 어원을 이해해야 한다. 전체를 이해하고 단어를 사용하면 표현을 틀리게 할 확률이 적지만 특정한 의미로 이해한 상태에서 그 단어를 다른 문장에서 사용하면 틀릴 확률이 매우 높기 때문이다.

이런 점은 언어의 경제성 측면과도 연결이 된다. 특정 언어를 모국어로 하는 사람들은 대개 불필요한 구문을 빼고 정확하게, 전달하고 싶은 단어로만 구성해서 표현한다. 겹치는 음 가운데 하나를 탈락시키는 음운탈락 현상뿐 아니라 줄임말을 쓰거나 문장 전체를 단어 하나로 바꾸어 표현할 수도 있다. 이것들이 곧 언어가 가지고 있는 특징이기도 하다. 예를 들어 'Oh my god'라는 간단한 단어의 조합만으로 '정말 예상치도 못했는데 너희가 갑자기 나타나서 정말 놀랐어!'라는 의미를 전부 표현할 수 있는 것이다. 심지어 'Oh my god'를 줄여서 'OMG'라고 쓰기도 한다. 결국 사람들은 언어에서도 경제적인 표현법을 찾아 쓰게 되어 있다. 그리고 이 경우 하나의 단어가 문장 또는 구와 절을 대체할 수도 있으므로 각각의 단어가 가지고 있는 본질적인 의미를 잘 이해하는 것이 매우 중요하다. 어린아이들에게 처음 영어단어를 가르칠 때도 단어 하나에 의미 하나가 아니라 '의미나무 방식'으로 가르치는 것이 영어 공부에 대한 새로운 시각을 열어주는 효율적인 방법이다.

2

영어 교육 2.0 시대

우리나라에서 처음으로 영어 교육이 보편적으로 이루어진 것은 아마 25년에서 30년쯤 전이지 않을까 싶다. 그 사이에 영어 교육은 꽤 많은 변화를 겪었다. 〈성문기초영문법〉과 〈맨투맨〉 정도였던 교재가 지금은 그 숫자를 세기 힘들 만큼 많아졌고 영어 학습을 지원하는 도서도 연령별, 목적별로 세분화했다. 영어를 자연스럽게 사용하는 인구가 늘어남에 따라 쉽고 자연스럽게 배울 수 있도록 돕는 교양서적도 엄청나게 생겼다. 영어를 처음 접하는 연령대도 낮아졌고, 오래 전부터 유아 영어 교육의 중심이었다고 할 수 있는 '파닉스' 외에도 다양한 교육법이 등장했다. 더욱이 상당수가 일상생활에서 활용 가능한 회화 중심의 실전 학습법임을 강조하고 있다. 아마 그동안 주류로 알려진 영어 교육법이 실제로 활용하는 단계에서 큰 도움이 되지 못했다는 점에서 새로

등장하는 교육법이나 교재, 관련 도서들이 그런 부분을 엄청나게 강조하는 측면도 있을 것이다.

예를 들어 최근 텔레비전 광고를 통해서도 잘 알려진 영어 교육 전문 업체 '시원스쿨'은 단어만 잘 연결해도 영어가 어렵지 않다는 메시지를 전 국민에게 알렸다. 실제로 이곳의 초급 과정은 아주 기초적인 단어들의 연결만으로 자연스럽게 문장을 만들어낼 수 있는 '문장 구성력'에 초점을 맞추고 있다. 15초짜리 광고만 보더라도 단어 연결을 중심으로 하는 영어 학습법이 초보자들에게 매우 효과가 크다는 것을 짐작하게 해준다. 우리나라 사람들이 이미 10년 넘는 공교육 과정에서 영어 교육을 받으며 머릿속에 상당히 많은 단어를 저장해놓고 있기에 가능한 일일 것이다.

'시원스쿨'이 정규교육을 마친 성인 초보자들을 대상으로 영어 학습법을 제시하고 있다면 '잉글리시 에그English Egg' 같은 프로그램은 이제 막 영어를 배우기 시작하는 미취학 아동들을 위한 학습법을 제시한다. 상황에 맞는 영어 교육을 통해 아이가 자연스럽게 입 밖으로 영어를 꺼내게 된다는 '자연발화'를 콘셉트로 잡았다. 새로운 영유아 영어 학습법을 지향하는 '잉글리시 에그'는 집이나 유치원, 학교 등 가까운 생활환경 속에서 활용할 수 있는 스토리를 중심으로 교재와 수업을 제공함으로써 영유아들이 처음 영어 학습을 시작할 때 거부감이 생기지 않도록 돕는다. 이런 학습 방식 역시 영어단어를 열심히 암기만 하는 기존의 방식과 차별화를 시도하고 있다.

　기업이나 조직에서만 효율적인 영어 학습에 대한 연구를 진행해서 내놓는 것은 아니다. 개인적으로 '5차원 영어 학습법'을 내세우며 새로운 방향을 제시한 원동연 박사 같은 분도 있다. 원동연 박사는 재료공학을 전공한 공학도로서 한국원자력연구소와 한국과학기술연구원에서 과학을 연구한 학자다. 그는 '5차원 영어 학습법'을 소개하는 영상에서 '영어 성적은 높은데 실제로 영어를 잘하는 사람은 그렇게 많지 않다'고 이야기한다. 또 지식으로 저장해놓은 영어를 실제로 활용하기 위해서는 지식을 운영할 수 있는 능력이 동반되어야 한다고 강조한다. 그리고 그 운영 능력에 '사고구조'와 '발성구조'라는 두 가지 요소가 필요하다고 말한다. 영어를 잘하기 위해서는 미국인들이 하듯이 사고해야 하며 미국인들이 발음하듯이 발음할 수 있어야 한다는 것이다. 너무 당연한 이야기라고 생각할지 모르지만 그리 되기가 쉬운 것은 아니다. 한국에서 태어나 한국어를 하며 자란 우리가 어느 순간 미국인처럼 사고하고 발성하기란 불가능에 가깝기 때문이다. 이 지점에서 우리가 그들처럼 사고하고 발성하도록 돕는 도구나 방법이 필요해진다. 원동연 박사의 '5차원 영어 학습법'과 이 책에서 소개하는 '의미나무 학습법'은 어쩌면 학습에 대한 방향성에서는 비슷하다고 할 수 있을 것이다.

　원동연 박사의 주장, '시원스쿨'이 말하는 문장 구성력, '잉글리시 에그'가 내세우는 상황인지 및 자연발화 모두 암기를 위주로 했던 기존의 영어 학습법에서 벗어나기 위한 하나의 도구이자 방법들이다. 다만 원동연 박사는 영어를 전공했다거나 영어 학습을 연구하고 상업화하는 조직이나 단체의 활동을 통해서 '5차원 영어 학습법'을 주창한 것이 아니라 스스로 영어를 공부해온 사람으로서 자신이 겪은 딜레마를 지속적으로 정제해나가는 과정에서 찾은 방법을 하나의 이론으로 제시한 것이다. 세상에 나온 '5차원 영어 학습법'에 공감하는 이들이 늘어나고 있는 가운데 앞으로 영어가 더 일상화할수록 이런 현상은 급격하게 진전될 것이다. 영어를 심오한 학문적 관점이 아니라 어학 학습의 범주로 본다면 전문가와 비전문가를 구분하기가 어렵고 오히려 영어에 관심이 많고 열심히 공부하면서 고민해본 이들이 기여할 만한 영역이 있을 거라고 생각한다. 의미나무 이론도 마찬가지다. 책은 이제야 내놓지만 그동안 여러 해에 걸쳐 의미나무에 대한 이론적 정리와 사례 수집 및 집대성이 이루어졌다. 어차피 영어를 포함한 외국어는 하나의 학습 방법론만으로는 완벽해질 수 없으므로 새롭게 나오는 다양한 학습법들이 합쳐져 사람들의 영어 능력을 발전시켜나가야 할 것이다. 의미나무 이론은 어휘가 조금씩 확장하기 시작하는 초등 영어 단계부터 필요한 학습법이다. 의미나무를 통해 아이들에게 영어 문화권의 사고 구조를 일찌감치 이해시키는 것도 큰 도움이 될 것이라 믿는다.

불과 얼마 전까지만 하더라도 교육의 방향을 정하거나 효과적인 교육법을 제시하는 것은 모두 교육자들의 몫이라고 생각하는 분위기였다. 어쩌면 여전히 많은 이들이 그런 생각을 가지고 있을지 모른다. 하지만 그런 편견의 틀을 깨고 새로운 기대를 품은 사람들이 생겨나고 있는 것도 사실이다. 아이에서 어른까지, 효과적인 학습법을 얻기 바라는 대상이 광범위하게 늘어나고 있는 것이다. 교사나 교수가 아닌 사람에게도 배울 수 있다는 것은 정보화 사회가 가져다준 첫 번째 과실이기도 하다. 다양한 정보가 웹의 세계에 범람하면서 누구나 노력만 하면 원하는 분야에 대한 정보를 얻을 수 있고, 깊이 있게 공부할 수 있으며, 자신의 의견과 경험을 올려 공유할 수 있게 되었기 때문이다. 이런 변화들이 공부의 범위를 학교와 책상 앞에만 국한시키지 않고 삶과 일상으로 스며들도록, 세상의 모든 것이 공부가 될 수 있도록 만들어주기도 했다. 덕분에 우리의 부모 세대는 생존을 위해, 또 부모의 부모를 돕기 위해 논과 밭에 씨를 뿌리고 수확물을 거두어들였지만 우리 아이들은 식물의 성장을 배우고 영양소에 대한 공부를 하기 위해 주말농장이나 텃밭에 가서 감자나 고구마를 심거나 키우고 있다. 교육은 여기저기서 다양한 형태로 자리를 잡아가고 있다. 우리는 이제 관상용으로 새, 금붕어, 열대어, 거북이 등을 키우지 않고 생물의 특성을 배우고 가르치기 위해 함께 생활한다. 직접 보여주고 직접 공부하고 직접 배우는 교육은 이 시대의 새로운 패러다임이다.

그동안 언어 교육은 이런 생활 속 교육의 범주에 잘 녹아들지 못한 측면이 있었다. 우리는 수족관에서 살고 있는 열대어나 거북이를 보듯이 영어나 중국어를 유심히 관찰하지 않았으며, 내 손으로 정성껏 심은 감자나 고구마가 자라날 때 왜 잔뿌리가 많은지, 물은 얼마나 자주 주어야 하는지를 궁리하듯이 언어의 원리에 대해 깊이 고민하지 않았다. 많은 분야의 정보들이 교탁과 교실을 벗어나 생활 속으로 저변을 넓혀가고 있는 동안 언어 교육만은 기존의 시스템에 그대로 머물러 있었다. 아버지와 엄마들, 할머니와 할아버지들이 반쯤은 '일상교육자'가 되었지만 영어 분야에서는 아직 그렇지 못한 게 현실이다. 그렇다면 앞으로의 영어 교육도 기존의 전문 교육 인력들만이 전적으로 헌신하는 형태가 되어야 할까? 아마 그렇지는 않을 거라고 단언한다. 의미나무를 통한 시도가 새로운 영어 교육의 방식을 만들어가는 데 일반인들이 참여할 수 있음을 알리는 계기가 될 것이다. 예를 들어 이 책을 시발점으로 어원을 중심으로 효과적으로 영어단어를 학습하는 방법들이 많은 사람을 통해 전파된다면 의미나무의 개념은 점점 일반화할 것이고, 어떤 사람이 듣더라도 수긍할 만한 하나의 법칙이 될 수 있을 것이다. 마치 공유경제처럼 하나의 언어 교육법을 많은 이들이 함께 집대성할 수도 있을 것이다. 그런 성공적인 경험들이 쌓인다면 이후에 하나의 교육 패러다임으로 정착하는 것은 시간문제다.

의미나무의 개념은 어떻게 생각하면 아주 우연히, 즉 '세렌디피티 serendipity, 뜻밖의 재미 또는 완전한 우연에서 중대한 발견이나 발명이 이루어지는 것'처럼 찾아왔다. 하지만 앞으로의 길은 우연한 발견의 즐거움을 넘어서 그 길을 탄탄하게 다지는 단계로 이어져야 할 것이다. 우리 두 저자는 세상이 반기는 한 앞으로도 많은 단어를 분석해서 그 길을 더욱 넓혀보려고 한다.

아이를 키워본 사람이라면 누구나 알기 쉽게 설명해준 내용을 아이가 스펀지처럼 착착 빨아들이는 경험을 해봤을 것이다. 이 책을 통해서 우리가 얻고자 하는 가장 큰 바람이 있다면 바로 그것이다. 이 책을 읽은 독자들이 자신의 아이에게 영어단어를 설명할 때 그것을 아이가 효과적으로 빨아들이도록 방법을 알려주는 것이다. 우리는 앞으로 또 다른 분야에서도 이런 뜻 깊은 일들을 찾아내어 공부하고 세상에 알리려고 애쓸 것이다. 그러니 세상도 이에 반응해준다면 좋겠다.

글을 마치며

먼저 대학 시절에 우연히 수강한 영어 수업에서 전치사의 다양한 의미들이 어떻게 서로 연결될 수 있는가를 들려주신 연세대학교 이기동 교수님께 감사의 말씀을 전하고 싶다. 그때의 전율을 잊지 못한다. 그분이 아니었다면 단어들의 의미가 어떻게 연결되는지, 그 가능성에 대해 생각하기 힘들었을 것이다.

대학에 입학해서 방황하던 시기에 학문을 하는 의미가 무엇인지 가르쳐주셨고 사람들이 만들어낸 것들은 그 사람의 인지구조의 산물이라는 것을 깨닫게 해주신 한태동 교수님께도 감사드린다. 그 가르침 덕에 표면에 드러나는 것이 아니라 이면에 숨어 있는 인식의 구조를 들여다볼 수 있는 눈을 뜨게 되었고 그것이 모든 의미들 간의 구조를 생각하도록 토대를 제공해주었다.

 이 작업의 내용과 직접적인 관련은 없지만 연구자의 자세를 가르쳐주신 김진우 교수님께도 감사드린다. 박사 과정을 하면서 무언가를 연구할 때는 반짝이는 아이디어도 필요하지만 더 중요한 것은 꾸준한 성실함이라는 것을 몸소 보여주셨다. 단어 연구야말로 꾸준함이 없었다면 결과를 얻을 수 없는 영역이다.

 문재승 공동 저자와의 인연이 이 책을 세상에 나오게 하는 데 결정적인 역할을 했다. 씨앗 자체로는 싹을 틔울 수 없지만 땅에 심으면 싹이 트는 것처럼 후배 문재승을 만난 것은 행운이다. 그는 내가 만들어 놓은 연구물이라는 씨앗의 싹을 트이게 해준 장본인이다. 적절한 시점에 나에게 그를 소개해준 후배 김현정에게도 고마움을 전한다.

 이 책을 어디서 출판할까 고민하다 문득 예전에 인연을 맺은 에듀니티가 떠올랐다. 후덕한 선생님을 연상케 하는 김병주 대표님, 아이디어가 많고 웃는 표정이 멋진 이기택 이사님 그리고 듬직한 의리의 사나이 최윤서 부장님, 이분들이 흔쾌히 출판할 뜻을 받아주어 생애 첫 번째 출간 작업을 함께할 수 있게 되었다.

 그동안 여러 번 책을 내려고 결심했는데 실천하지 못했다. 그래서 이번에도 책을 쓴다고 하니까 식구들이 잘 믿어주지 않았다. 그러면서도 주말에 컴퓨터 앞에 앉아 원고를 정리하고 있으면 간식을 챙겨주던 집사람이 큰 힘이 되었다. 공부하느라 많이 힘들 텐데 늘 밝은 표정을 보여주는 고3 유정이에게 이 책이 아빠의 작은 선물이 되었으면 좋겠다.

    세상을 살면서 어려서는 혼자 힘으로 무언가를 할 수 있다고 생각했고 커가면서는 무언가를 하려면 주위에 계신 분들의 도움이 필요하다는 것을 알았다. 더 나이를 먹어서는 주위에 있는 많은 분들과의 인연을 가능케 하는 분이 있다는 것을 새삼 깨닫는다. 모든 인연을 맺어주시고 이 순간 나의 존재가 가능하게 해주신 그분께 깊이 감사드린다.

2016년 4월 김진수

그 밖의 의미나무 분석

'win'은 '이기다' 말고 어떤 뜻을 가지고 있을까?

사람들은 'Take the survey and win prizes'라는 문장을 해석하는 데 어려움을 느낀다. 처음에 'win'을 배울 때 '이기다'로 외웠기 때문에 'win prizes'가 무슨 표현인지 정확하게 와 닿지 않기 때문이다. 'win'이라는 단어의 어원을 보면 'struggle for'로 우리말로는 무언가를 얻기 위해 '투쟁하다'라는 뜻이다. 다른 한편으로는 목표로 하는 것이 어떤 위치에 다다른다는 의미에서 '도달하다'라는 뜻을 가지고 있기도 하다. 따라서 'They won the shore through a violent storm'은 '그들은 격렬한 폭풍을 뚫고 해안에 도달했다'로 해석해야 한다. 이러한 의미는 물리적 차원을 넘어서 역경을 헤치고 어딘가에 도달하는 '~한 상태에 이르다'라는 뜻으로 확장한다. 그렇다면 'He won tranquility'라는 문장을 '그는 마침내 마음이 편안한 경지에 이르렀다'라고 해석할 수 있을 것이다.

보편적으로 'win'이 가지고 있는 뜻으로 알려진 '이기다'는 다른 사람과 투쟁해서 이길 경우 그 승리의 결과로 무언가를 '획득하다'라는 의미로 연결된다. 여러 명이 겨루는 대회에서 상을 받았을 때 'won a prize'라고 표현하는 것이 여기에 해당한다. '획득하다'는 다시 육체적인 노동을 해서 무언가를 얻어내는 '채광하다'라는 의미, 노력해서 '벌다' 또는 '벌어들이다'로 이어진다. 'win one's daily bread'는 '일용할 양식을 벌다'라는 뜻이다. 여기서 '벌다'는 다시 비슷한 의미의 '얻다'로 옮겨간다. 특히 애정이나 마음을 얻는다는 의미로 쓰여 'He won her heart'는 '마음을 얻었다', '사랑을 얻었다'로 해석한다. 끝으로 마음을 얻는다는 것은 '공감하다'와 '설복하다'로 연결된다. 그러므로 'She won the jury over to her side'라는 문장은 '그녀는 배심원들을 설득하여 자기편으로 만들었다'라고 해석할 수 있다.

'magazine'은 어떻게 '잡지'라는 뜻을 가지게 되었을까?

'magazine'은 '잡지'라는 뜻으로 잘 알려져 있는 단어다. 예를 들어 'a weekly magazine'이라고 하면 '주 단위로 발간하는 잡지(주간지)'를 뜻한다. 그런가 하면 군대에서는 소총의 탄창을 이렇게 불러서 '10 round magazine'이라고 하면 '총알이 10발 들어가는 탄창'을 뜻한다. 물론 '잡지'와 '탄창' 사이에서 공통점을 찾기란 어렵다.

'magazine'의 어원을 살펴보면 '물건을 저장하는 장소', 그 가운데서도 주로 탄약의 '저장소 storehouse'로 쓰였다. 여기서 'magazine'은 여러 갈래로 확장하는데 먼저 연속 발사하는 총의 '탄창'이라는 의미다.

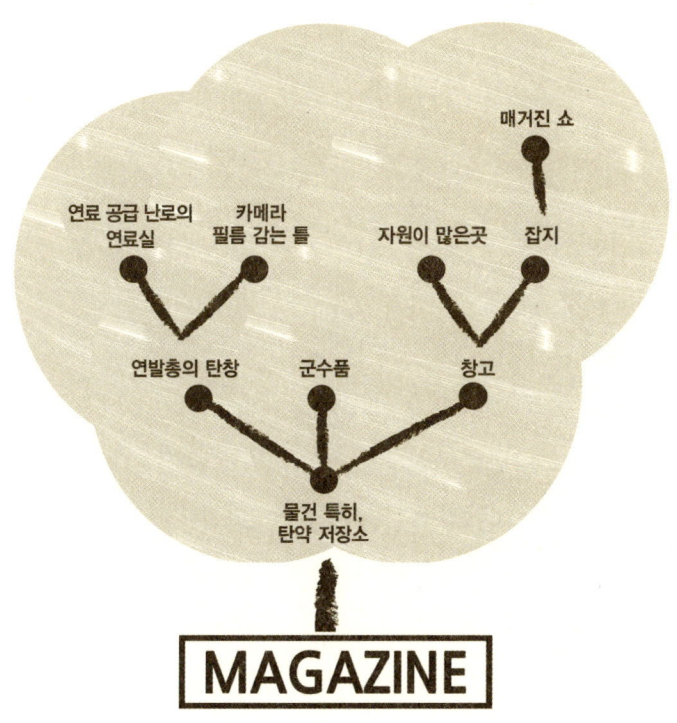

부록_그 밖의 의미나무 분석 173

탄약고에 저장되어 있는 특정한 그 물건이 의미를 이어받은 셈이다. 이는 또 연속적으로 재료를 공급한다는 의미에서 '난로의 연료실a supply chamber'로 이어진다. 게다가 동일한 의미를 적용 범위만 바꾸어서 '필름을 감아 영사기에 꽂는 틀'을 뜻하게 된다. 연발 탄창이 기관총에 총알을 계속 공급하듯이 난로의 연료실에서 연료를 공급하고 영사기의 틀에서는 필름을 돌리며 지속적으로 영상을 공급하기 때문이다. 위키피디아에는 '카메라의 필름을 감는 틀'로서 'magazine'을 이렇게 설명하고 있다. 'A camera magazine is a light-tight chamber or pair of chambers designed to hold film and move motion picture film stock before and after it has been exposed in the camera.' 우리말로 옮기면 다음과 같다. '카메라 매거진은 하나 또는 한 쌍의 빛을 차단한 통으로 카메라 안에서 노출되기 전과 후에 필름을 지지하면서 동영상 필름을 돌릴 수 있게 고안된 것이다.'

다른 방향의 의미 확장은 공간을 가리키던 것이 나중에 일반적으로 공간에 있는 물건을 뜻하는 것으로 변한 경우다. 앞에서 소개한 사례 가운데 'gallery'가 '미술관'을 의미하기도 하지만 미술관에 전시한 '미술품'이라는 의미로도 쓰이게 된 것처럼 'magazine'도 '저장소'라는 의미에서 그 안에 저장해놓는 '군수품'이란 의미로 확장한다. 마지막 의미가지는 탄약을 위주로 보관하던 '저장소'가 그 자체로 일반화해서 '창고'가 된 것이다. '창고'는 여러 가지 물건이 놓여 있거나 담아놓는 곳이라는 차원에서 '자원이 많은 곳'이라는 뜻과 하나의 책에 이야기, 수필, 시 등 '다양한 내용이 담긴 정기 간행물(잡지)'로 그 의미를 확장했다. 그리고 라디오나 텔레비전이 등장하면서는 다양한 내용을 담아 정기적으로 방송하는 쇼 프로그램 'a magazine program'을 뜻하게 되었다.

'bolt'는 어떻게 '빗장'과 '번개'라는 의미를 함께 가질까?

우리가 잘 아는 '볼트'는 '너트'의 친구다. 즉, '조임쇠'라는 의미로 가장 널리 알려져 있다. 그런데 사실 '볼트'는 '빗장'이나 '번개'라는 뜻도 가지고 있다. 2008년에 월트디즈니사에서 내놓은 〈볼트Bolt〉라는 제목의 애니메이션 영화가 있는데 자신이 번개처럼 빨리 달리고 엄청난 힘이 있다고 믿는 귀여운 강아지에 대한 이야기다. 당연히 '번개'처럼 빠른 강아지와 '조임쇠' 사이에서 공통적인 의미를 찾기란 어렵다.

'bolt'의 어원을 살펴보면 '석궁의 화살(석궁에 쓰이는 짧고 무거운 화살)'이라는 의미로 처음 사용했다. '석궁의 화살'은 모양으로 보면 길쭉하며 활을 쏘면 화살이 빠르게 날아가는 특징이 있다. 여기서 'bolt'의 뜻은 두 가지 방향으로 분화한다. 먼저 '석궁의 화살'이 문을 걸어 잠글 때 사용하는 기다란 물건과 유사하게 생겨서 '빗장'이라는 의미가 생겨났다. 그리고 기다란 빗장을 고정하기 위한 '조임쇠'를 뜻하는 '볼트'가 나왔다. 아울러 '빗장'처럼 길고 넓적한 모양의 판에 직물을 감은 '한 필'을 뜻하게도 되었다.

다른 한편으로 화살이 빠르게 날아가는 현상에서 '번개'라는 의미가 나오게 되었다. 'bolt of lightning'은 '번쩍하는 번개'라는 뜻으로

디즈니 애니메이션에 나오는 강아지 '볼트' 역시 '번개'라는 뜻에서 지어진 이름이다. '번개'는 빠른 속도 덕분에 '갑자기 달아나다'라는 뜻으로 이어진다. 'The rabbit bolted in the bush'는 토끼가 빗장을 닫았다거나 화살을 쏘았다는 뜻이 아니라 '토끼가 재빠르게 덤불 속으로 달아났다'라는 뜻이다. '달아나다'는 또 '기존에 하던 지지를 철회하다'라는 의미로 연결되어 '(정당 등)의 지지를 그만두다'라고 할 때 쓰이기도 한다. 'State lawmakers bolt democratic party after election day'라는 문장은 '주 의원들이 선거일 뒤에 민주당을 떠났다'라는 뜻이다. 마지막으로 '번개'는 물리적인 이동 속도뿐만 아니라 행동이 빠

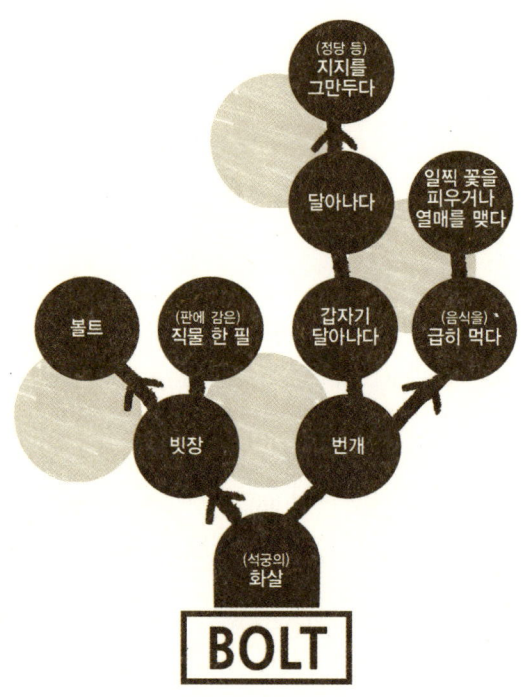

르다는 것으로 연결되어 '(음식을) 급히 먹다'라는 뜻으로 옮겨간다. 이런 관점에서 'He bolted his breakfast and went to work'라고 하면 '급히 아침을 먹고 출근을 했다'라는 뜻이다. '급히 무엇을 하다'는 다시 빠르게 일이 벌어졌다는 의미, 즉 '시기보다 이르게 어떤 일이 발생했다'는 뜻을 가진다. 그래서 식물이 원래 알려진 시기보다 일찍 꽃을 피우거나 열매를 맺는 현상을 표현할 때 'bolt'를 사용한다. 'Spinach bolts once it gets hot'이라는 문장에서 'bolt'는 '더워진 날씨로 인해 빨리 자라버린 시금치'를 표현하는 데 쓰였다.

'wear'에는 '닳아진'이라는 뜻도 있다

'More weight of passengers put on the right side of the escalators makes escalators tilt to the right and wear the right side more than the left side.' 이 문장에서 'wear'는 어떤 뜻으로 쓰였을까? 또 'Alice wore her mother's perfume'이라는 문장에서는 어떤 뜻으로 쓰였을까? 우리는 에스컬레이터나 향수를 입지는 않는데 둘 다 'wear'를 사용했다. 몸에 걸치거나 접촉하는 것, 접촉이 빈번해서 어떤 부분이 닳아지는 경우에도 'wear'를 쓸 수 있기 때문이다. 우리말로 향수는 입는 것이 아니고 뿌리는 거라서 '뿌리다'라는 동사를 사용하지만 영어로 'perfume(을) wear'라고 쓰는 것은 이상하지 않다. 영어권 문화에서는 향수를 몸에 '입는' 것으로 인식하기 때문이다.

일반적으로 알려진 것처럼 'wear'는 물론 '옷을 입다'라는 어원을 가지고 있다. 그런데 이 표현은 우리말과는 달리 몸에 접촉하는 모든 것을 포괄한다. 예를 들어 반지를 끼거나 목걸이를 한 것도 'wear a wedding ring', 'wear a necklace'라고 한다. 또 수염이나 머리 기른 것을 표현할 때도 'wear'를 쓰고 오랫동안 옷을 입거나 걸치면 옷감이 낡고 헤지는 현상에도 쓴다. 여기서 '(오래 착용해서) 헤지다'라는 의미는 상태가 좋지 않게 변한다는 뜻으로 연결되어 '침식하다', '수척해지다', '마음이 지치다'로 넘어간다. 아울러 '시간이 오래 지났다'는 측면에서 '(시간을) 흘려보내다'로 변하고, 상징적인 의미로서 몸에 걸쳐져 있는 상태가 '존재하다'로 연결되어 '어떤 자리에 있다'라는 의미가 된다. 예를 들어 'wear the purple'이라는 문장을 직역하면 '자주색을 입다'가 되겠지만 로마 시대에만 하더라도 자주색은 '황제 자주imperial purple'라 하여 황실에서만 쓸 수 있는 색상이었다. 자주색을 입을 수 있는 사람은 황제밖에 없었으므로 '자주색을 입다'는 곧 '황제가 되다', '황제의 자리에 오르다'라는 뜻이다.

끝으로 위키피디아에는 'wear and tear'에 대해 다음과 같이 설명해놓았다. 'Wear and tear is damage that naturally and inevitably occurs as a result of normal wear or aging. It is used in a legal context for such areas as warranty contracts from manufacturers, which usually stipulate that damage from wear and tear will not be covered.' 의류 제조사 등의 품질보증 조항에 담겨 있는 내용으로, 요지는 '정상적으로 닳거나 오래되어서 발생하는 자연스럽고 불가피한 피해에 대해서는 보상을 하지 않는다'는 것이다.

'definitive'가 '최고'를 뜻하게 된 이유는?

'definitive'라는 단어의 어원은 'define'에 있다. 'define'을 'thesaurus.com'에서 찾아보면 14세기 후반부터 사용했으며 'completely + finir'에서 나왔다는 것을 알 수 있다. 'finir'는 라틴 계통의 말로 '끝'을 뜻하는데 일정한 공간에서 끝이라면 '경계'를 의미할 것이다. 이런 이유로 'define'에서 발전한 'definitive'는 'boundary'나 'end'와 유사한 의미를 가지게 된다. 'boundary'는 추상적으로는 어떤 단어의 경계, 즉 그 단어가 어디까지인지를 상징하며, 경계를 정확하게 정의하고 범위를 정한다는 것은 '명확한'이나 '한정적인'이라는 뜻임을 짐작할 수 있다.

'끝'은 다시 '최종적'이라는 의미로 확장하는데 어떤 물건을 만들 때 마지막 공정에 이르면 제품의 완성도가 높아진다는 차원에서 '거의 완벽한'이라는 뜻으로도 쓰인다. 완벽하면 최고니까 '최고의'라는 뜻도 여기서 파생한다. 다른 한편으로 생물이 여러 단계를 거쳐 마지막에 완전히 발달한 단계가 된다는 의미를 가지고 있기도 하다. 'definitive'는 또 조금 뜬금없어 보이기는 하지만 '보통우표'라는 의미를 가지고 있다. '기념우표'와는 달리 잠깐 나왔다가 사라지는 것이 아니라 계속 만들어 판매하는 것이라는 점에서, 즉 크게 보아 마지막 단계라는 측면에서 나온 의미일 것이다. 'Help two fans make the definitive film on Bill Nye the science guy and his quest to change the world with science!'라는 문장에서 'definitive film'은 '최고의 영화'라는 뜻이다.

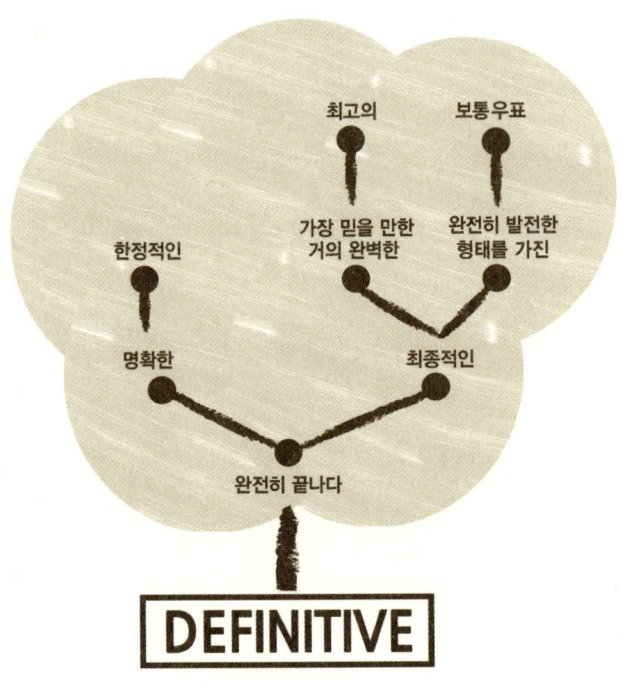

'virtual', 동서양 사고방식의 차이를 보여주는 사례

요즘 페이스북 오큘러스나 구글 카드보드 등을 이용해서 쉽게 가상현실, 즉 'VR Virtual Reality'을 구현하는 것이 IT 업계의 화제다. 그런데 'VR'에 쓰인 'virtual'이라는 단어의 의미를 정확하게 알고 있는 사람은 많지 않은 듯하다. 'virtual'은 흔히 '가상의' 또는 '허상의'라는 의미로 쓰이지만 사전에는 '사실상의' 또는 '실제의'라고 나와 있다. 예를 들어 'the virtual ruler of the country'라고 하면 '한 나라의 실제 통치자'라고 옮길 수 있다. 또 'a virtual certainty'는 '사실상 확실한 사건'이라는 뜻이다. 우리가 보기에는 '사실상'과 '가상의'가 서로 반대되는 개념인 것 같은데 영어에서는 두 가지 표현을 하는 데 두루 쓰이고 있다.

'virtual'은 애당초 '본질적 또는 사실적 효과를 만들어내는 능력이 있다'라는 의미를 가지고 있으며 여기에는 눈에 보이지 않는 능력까지를 포함한다. 그런데 동양에서는 눈에 보이지 않는 것을 뜻하는 '허상'이라는 단어를 '거짓(仮)'이나 '비어 있는 것(虛)'으로 인식하기 때문에 차이가 발생한다. 영어권의 개념으로 'virtual'을 이해하면 'VR'은 '현실처럼 보이는 가상'

이 되고, 'virtual image'는 '실제처럼 보이는 이미지'가 된다. 'virtual'은 이렇게 '가상의'라는 뜻뿐만 아니라 '본질적이고 사실적인 효과'라는 의미로도 사용할 수 있다.

'resolve'를 바라보는 관점의 차이

'resolve'의 최초 의미는 '느슨하게 하다'이다. 이 의미는 크게 두 갈래로 나뉜다. 하나는 화합물을 원소들로 '분해하다'라는 것이고, 다른 하나는 실타래처럼 얽힌 의문을 '풀어내다'에 해당한다. '분해하다'는 화합물을 분해하는 데만 쓰이지 않고 유사한 관점에서 영상 등을 크게 확대해 대상을 분해한 모습, '(망원경으로 영상을 분해해서) 선명하게 보다'라는 의미를 가진다. 아울러 의학 분야에서는 종기 등을 '(곪기 전에 분해해서) 삭히다'라고 할 때 쓴다. '분해하다'는 또 분해한 결과 다른 것으로 '변하다'라는 의미로 넘어간다. 그리고 '변하다(또는 '변형되다')'는 무언가를 바꾸어서 불협화음을 잘 어우러진 '협화음으로 바꾸다'라는 의미로 옮겨간다.

한편 '느슨하게 하다'는 문제가 꼬여 있던 부분이 느슨해져서 풀린다는 의미로서 '(의문을) 풀다'로 파생한다. 이는 또 의문을 풀기 위해 '설명이나 해명을 하다'와 '결심하다'로 나뉜다. 그런데 '결심하다'와 '풀다'는 상반되어 보인다. 우선 '결심하다'는 영어로 'determine'이라고 하며 'come to an end'의 의미를 가진다. 영어에서는 '결심하다'가 많은 대안 사이에서 고민하다가 모든 게 잘 풀려서 갈등을 끝낼 때 하는 것,

갈등상태를 풀고 어느 한 가지를 선택할 때 하는 것이다. 그래서 다수의 사람으로 구성된 집단이 결심을 하면 '결정하다'나 '의결하다'로 확장한다. 일반적으로 사람들은 'resolve'를 이해할 때 '결심하다'와 '풀다'를 결부시키기 어려워하는데 아마 문화적인 차이에 그 원인이 있을 것이다. '결심하다'의 '결'을 한자로 쓰면 '맺을 결結'로 '결합하다'나 '결혼하다'에도 같은 한자가 쓰인다. 즉, '합쳐지다'라는 의미다. 그런데 영어 문화권의 사고방식으로는 여러 가지 선택한 것들 사이에서 '풀어내는 것'이 '결심'이라고 하니까 정반대로 보인다. 'resolve'를 둘러싼 이런 관점의 차이를 정확히 이해한다면 단어를 사용하는 데 도움이 될 것이다.

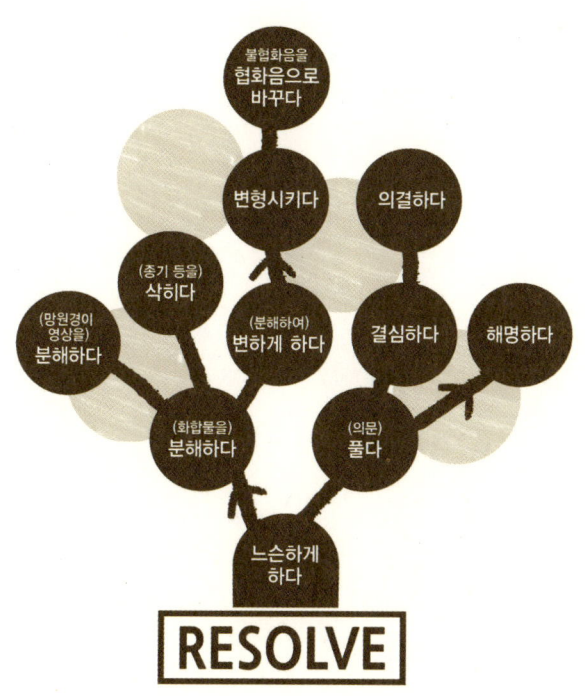

'equity'는 왜 '공평'과 '보통주'라는 의미를 함께 가지고 있을까?

'equity'는 흔히 '자기 자본' 또는 '보통주'라는 말로 쓰이지만 '공평(한쪽으로 치우치지 않고 고름)'이라는 뜻도 가지고 있다. 그리고 'equity'의 원래 의미는 후자인 '공평' 쪽에 있다. '공평'은 '솔로몬의 공평한 판결'이라고 할 때처럼 '공평한 결정'이라는 의미로 이어진다. 법률 분야에서는 법 조항만을 엄격히 적용해서 판결하는 '보통법common law'을 보완해 특수한 사건이 일어난 상황을 고려하여 공정하고 형평성에 맞게 판결하는 것을 '형평법equity law'이라고 한다.

그런가 하면 '자기 자본'이나 '주식'이란 뜻은 '저당품의 순수 가격'이라는 데서 파생했다. 저당품이란 무슨 이유에서든 그걸 맡기고 돈을 빌리는 상황에서 대상이 되는 물건을 말한다. 어떤 사람이 물건을 저당 잡히고 돈을 빌릴 때는 그 가치를 크게 쳐주기 바라지만 저당을 잡는 사람의 입장에서는 가치를 적게 쳐서 돈을 조금만 내주려고 할 것이다. 서로의 입장이 다른 이런 상황에서 'equity'는 둘 사이에서

'공평하게 산정한 순수한 금전적 가치'라는 뜻으로 쓰인다. 또 기업 등에서는 '(순수한 금전적 가치로서) 순자산액'이라는 의미로 쓰이고, '자기 자본' 또는 '(기업 재산의) 지분'이라는 뜻으로 나아간다. 이것이 '지분에 대한 권리'로 확장하면서 '보통주의 권리'라는 뜻으로 쓰이게 되었다.

'resort'는 '휴양지'만을 뜻하지 않는다

'resort'는 휴가철마다 사람들로 바글거리는 '휴양지'라는 뜻으로 많이 알려져 있다. 'resort'를 '휴양지'라고 하기보다 '리조트'라고 쓰는 일이 흔한 것만 보아도 이미 우리 생활에 익숙한 용어임을 알 수 있다. 반면에 '휴양지'와는 전혀 다른 의미를 가지고 있기도 한데 'last resort'라고 하면 '마지막 수단'이라는 뜻이다. 'resort'의 어원을 살펴보면 're+sortir(불어로 '가다'라는 뜻의 동사)'이다. 이걸 영어로 바꾸면 'go again and again'으로 '반복적으로 가다'라는 뜻이다. 'He resorted to a hot spring'에서 'resort'는 정확하게 이런 뜻으로 쓰여 '그는 온천에 잘(자주) 갔다'라고 옮길 수 있다. 여기서 '자주 가다'라는 동사는 '자주 가는 곳'이라는 명사형으로 바뀌어 'a ski resort'라고 하면 '스키장'을 말한다. 이처럼 동사와 명사형으로 장소를 표현하게 된 'resort'는 사람에게도 적용이 된다. '자주 가다'에서 나온 '잦은 방문'이 자주 방문하는 대상을 뜻하는 표현으로 변해 '의지할 사람'이라는 뜻을 가지게 된 것이다. 이것은 또 의지할 사람에게 하는 이야기인 '호소'라는

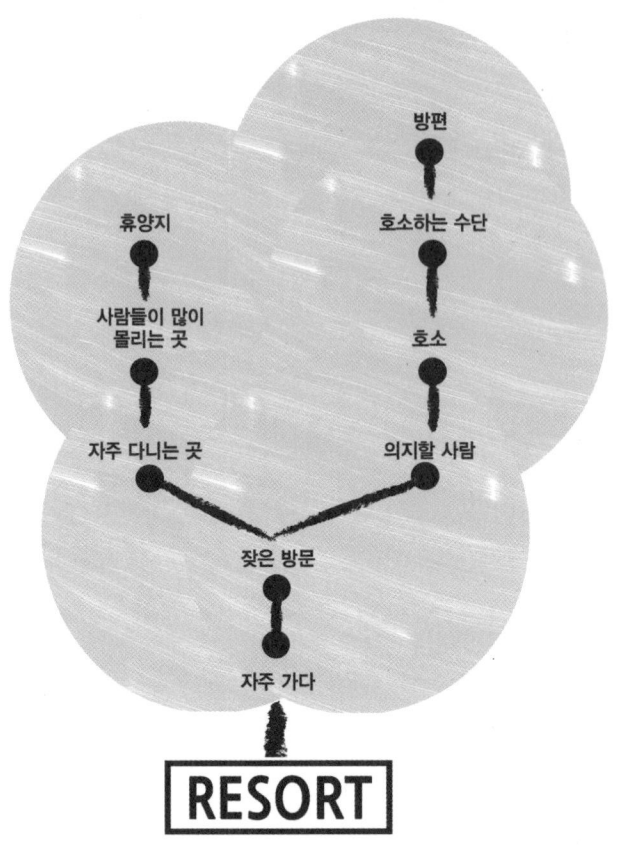

뜻으로 이어진다. 이런 관점에서 'The police resorted to force'는 '경찰은 폭력에 호소했다'라고 옮길 수 있다. 이들은 다시 '(의지나 호소의) 수단'이라는 의미로 확장해서 '수단'과 비슷한 '방편'이라는 뜻까지 얻게 된다. 따라서 'without resort'라는 구는 '별 수단이나 방편 없이' 의역하면 '별 수 없이'에 해당한다.

'appropriate'는 매우 긍정적인 의미와 매우 부정적인 의미를 함께 가진다

'appropriate'라는 단어를 알고 있는 사람이라면 대개 그 뜻을 '적절한'으로 기억할 것이다. 하지만 이 단어에는 남의 아이디어를 '도용하다'라는 매우 부정적인 의미도 있다. 'appropriate'의 어원을 살펴보면 'to make one's own'으로 '자신의 것으로 만들다'라는 뜻이다. 여기서 'appropriate'는 두 가지 의미로 분화한다. 하나는 어원 그대로 'appropriate something to oneself'에서처럼 '자기 것으로 사사롭게 쓰다'에 해당하고, 다른 하나는 '특정 목적에 귀속하도록 만들다'라는 개념이다. 후자로 쓰인 'appropriate the funds for education'이라는 문장을 우리말로 옮기면 '그 기금을 교육에 충당하다'라고 할 수 있다.

즉, '그 목적의 소유로 만들다'라는 뜻이다.

'사사롭게 쓰다'라는 의미는 남의 아이디어를 자기 것처럼 쓰는 '도용하다'로 넘어간다. 'He appropriated others' ideas'에서 'appropriate'가 이런 뜻으로 쓰였다. 꼭 아이디어가 아니라도 다른 이의 물건을 자기 것처럼 점유하거나 남의 돈을 착복하는 것도 동일한 관점에서 'appropriate'를 쓸 수 있다. 'She was accused of appropriating the company funds'에서 'appropriate'는 회사 기금을 '착복했다'는 뜻이다.

'특정 목적에 귀속하게 만들다'라는 의미는 또 귀속시키는 목표의 관점에서 '충당하다'로 옮겨간다. 그리고 이처럼 충당이 이루어지는 목표의 특수성에 초점이 맞춰져서 '특수한' 또는 '고유의' 같은 의미가 생겨난다. 따라서 'Each one played his appropriate part'에서 'appropriate'는 남의 돈을 착복하거나 점유한다는 뜻이 아니라 '각자에 맞는 고유의 역할을 했다'라는 의미다. '충당하다'는 다시 승인 후 충당이 이루어지는 정부 예산 등의 사용 범위에서 '(의회가) ~지출을 승인하다'라는 뜻으로도 나아간다. 의미의 선후 관계에 따른 확장이라고 할 수 있을 것이다. 이런 흐름을 이해한다면 '10 million dollars has been appropriated for research into the virus'라는 문장이 '천만 달러가 그 바이러스 연구를 위해 책정되었다'라고 해석할 수 있을 것이다. 끝으로 '충당하다'가 유사한 의미인 '(돈의 사용처 등을) 책정하다'로 이어지고, 다시 어떤 사업과 거기에 따르는 예산 관계에서 적절성에 따라서 책정되었다는 의미로 확장해서 '적절한'이라는 뜻을 가지게 된다. 'Since the problem has been identified, appropriate measure can be taken'에서 'appropriate'는 우리가 익히 알고 있는 '적절한'이라는 의미로 쓰였다.

'contingent'의 여러 의미

'contingent'는 '임시의' 또는 '우발적인'이라는 뜻이다. 'contingent'는 'contingency'라는 명사를 파생시켰는데 'contingency' 역시 '만일의 사태'라는 뜻을 가지고 있다. 똑같이 '우발적인'이라는 개념을 품고 있는 셈이다. 'contingency'는 또 '계획'이라는 뜻의 'plan'과 만나 'contingency plan'이라는 표현을 만들어내는데 우발적인 상황에 대처하기 위한 계획, 즉 '비상 계획'이라는 뜻이다. 국가나 정부 또는 기업은 항상 'contingency plan'을 세워놓고 있기 마련이다. 이렇게 '임시의' 또는 '우발적인'이라는 뜻을 명확하게 가지고 있는 'contingent'에 이들과는 전혀 다른 뜻이 있으니 바로 '대표단'이다.

'contingent'의 어원은 'contact'에 있다. 'contact'는 잘 알려진 대로 '맞닿아 있다'라는 의미다. 우리가 안경 대신 눈에 착용하는 '콘택트 렌즈contact lens'가 그렇고 사람과 사람을 맞닿게 해주는, 즉 연락을 취하기 위한 곳인 '연락처'도 'contact'라고 한다.

'contact'에서 파생한 'contingency'가 만들어내는 첫 번째 의미는 '어떤 사건이 우발적으로 어떤 대상과 마주치는 것'이다. 예를 들어 'contingent expenses'는 '예상치 못한 지출'이라고 해석할 수 있다. 이와 달리 두 번째 의미는 어떤 사건에 다른 사건이 '맞닿아 있다'라는 의미로 쓰인다. 예를 들어 'His plan is contingent on the weather'라고 하면 '그의 계획은 날씨와 맞닿아 있다', 즉 '날씨에 달려 있다'라는 뜻이다. 직역하면 '~의 여하에 달린'이라고 할 수 있으며 한 사건으로 인해 다른 사건이 일어나는 조건을 설명하는 표현이다. 'contingent'가 가진 마지막 의미인 '파견단' 또는 '대표단'은 '어떤 행사에 참가한, 출신지가 동일한 사람들'이라는 의미로 출신지가 서로 맞닿아 있는 사람들로 구성된 집단을 말한다. 'Korean contingent will

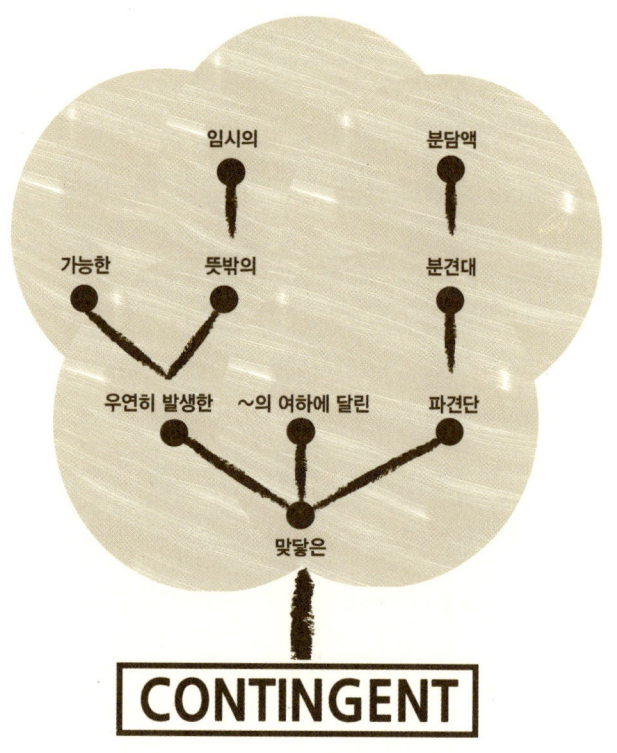

stay overnight in Paris'는 '한국이라는 동일한 출신지 사람들로 구성된 집단'이라고 해석하면 된다.

한편 '우발적'이라는 의미는 '발생할 가능성이 있음possible', 즉 '가능하다'라는 의미로 파생하며 이외에도 '예상치 못했던 일', '뜻밖의'라는 의미를 가지게 된다. 이런 맥락에서 'a contingent result of a war'는 '전쟁이 초래한 뜻밖의 결과'라고 해석할 수 있다. 여기서 다시 뜻밖의 일로 인해 계획하지 않았는데 발생한 임시적인 상태를 나타내는 '임시의'라는 뜻이 생겨난다. 따라서 'contingent protection'은 '임시 보호'라고 해석할 수 있다. 아울러 어떤 나라나 지역을 대표해서 파견한 사람들을 의미하는 '파견단'은 다시 군대의 본대에서 차출되어 다른 곳으로 파견한 '분견대a quota of troops furnished', 돈의 일부를 분담한다는 의미의 '분담금'으로 확장해나간다.

'grind'에는 '갈다' 말고도 여러 가지 뜻이 있다

'Harvard Medical School'의 의학 관련 매거진에 해당하는 〈Health Beat〉에 다음과 같은 내용의 글이 실려 있다. 'Newly retired men face some typical difficulties. One is creating a new routine after leaving behind the nine-to-five grind.'

일단 여기에 등장하는 'grind'를 우리가 기존에 알고 있던 '갈다'라고 해석하면 말이 통하지 않는다. 'grind'는 '압박해서 바수다'라는 뜻에 어원을 두고 있으며 '맷돌을 돌려서 갈다'로 파생한다. 그러다가 보편적으로 쓰이게 되면서 다양한 것을 가는 기구들에 적용되기 시작했다. 커피콩을 가는 기구인 '커피 그라인더'가 그렇고 철의 모난 부분을 갈아내는 기능을 가진 '전동 그라인더'가 그렇다. 이 의미가지와 관련해서 한 가지 더 설명을 하자면 '(지식을) 주입하다'라는 뜻이 있다. 콩 등을 애써서 갈듯이 교사가 지식을 애써서 학생들에게 넣어준다는 의미에서 나온 표현이다. 그리고 맷돌을 돌리는 행위의 경우 매우 반복적이고 고된 일이라서 그런지 '고되고 단조로운 일'이라는 의미로 파생한다. 물리적인 관점에서는 맷돌의 윗돌과 아랫돌이 마찰을 일으킨다는 의미에서 '이를 갈다'와 마찰을 일으켜 '닳게 하다'라는 표현에도 'grind'가 쓰인다. 이외에도 '압박해서 바수다'에서 나온 '기진맥진하게

하다'와 '(폭정 등으로) 혹사하다'가 있다. 그렇다면 앞에서 인용한 문장의 'leaving behind the nine-to-five grind'는 '9시에 출근해서 5시에 퇴근하는 고되고 단조로운 일상을 뒤로 하고'로 해석하면 될 것이다.

'appreciate'는 '감사하다' 말고 어떤 의미가 있을까?

'appreciate'는 일상적으로 사용하는 단어 가운데 하나다. 영어를 정식으로 배우기도 전에 알게 되는 표현으로 'hello', 'sorry', 'thank you' 등을 들 수 있을 텐데 'I appreciate it'이라고 하면 'Thank you'

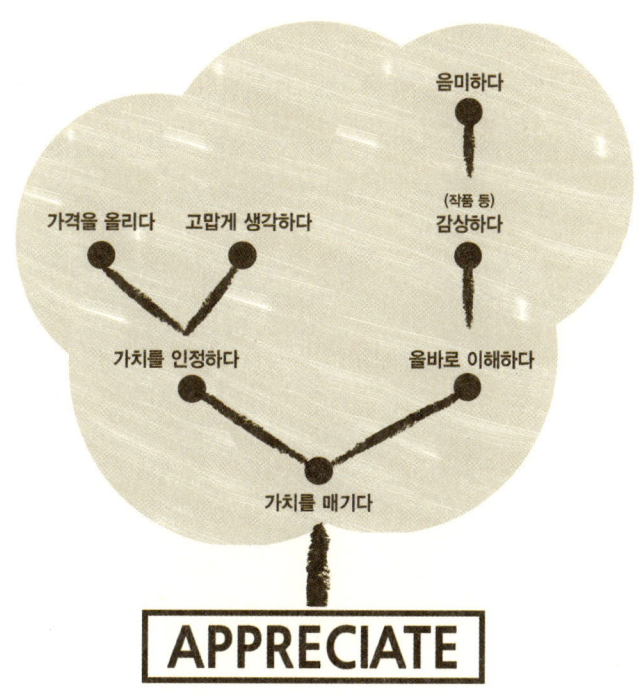

에 해당한다. 그런데 우리는 'I appreciate it'이 왜 '고맙다'는 의미를 가지는지에 대해서는 별로 생각하지 않고 일방적으로 외우고 써온 듯하다.

'appreciate'는 문학작품 등을 '감상하다'라는 의미로도 쓰이는데 우리말의 '감상하다'처럼 눈으로 하는 감상하고는 거리가 좀 있다. 'appreciate'의 어원은 'set a price to'라고 해서 어떤 것에 '가격을 매기다'라는 뜻이다. 가격을 매긴다는 것은 두 가지 측면에서다. 하나는 '대상을 올바로 이해해야 한다'는 것이고 다른 하나는 '가치를 인정한다'는 것이다. '가치를 인정한다'는 것은 가치를 인정하게 된 결과 '가격을 올리다'라는 의미와 가치를 인정하는 대상이 사람인 경우에 그 부분을 '감사하고 고맙게 생각하다'라는 뜻으로 확장한다. 한편 올바른 '가치를 이해하다'라는 의미는 가치를 이해하기 위한 행위인 '감상하다'로 연결되며 'appreciate good wine'에서는 작품이 아닌 와인을 감상하는 행동, '음미하다'로 그 뜻이 발전한다.

'drive'와 '십자드라이버'의 관계는?

예전에 지인에게서 들은 'drive'와 관련한 일화가 있다. 금형 분야의 기술자인 지인은 해외 회사의 초청으로 외국에서 일을 한 적이 있는데 어느 날 공구인 드라이버가 필요해서 그쪽 담당자에게 'Give me a driver'라고 말했다 한다. 그랬더니 그 사람이 회사의 운전기사를 데려오더라는 이야기다. 우리가 흔히 공구로 사용하는 드라이버의 총칭은

'screw driver'고 일자 드라이버는 'flat tip screw driver', 십자드라이버는 'cross tip screw driver'인데 앞부분을 빼고 그냥 'driver'라고 하니까 제대로 전해지지 않은 것이다.

'drive'의 어원은 'push from behind'다. '뒤에서 밀다'라는 뜻으로 방향성을 가지고 미는 행위, 어떤 힘에 의해 움직이는 동작, 밀어서 안으로 집어넣는 행위, 또 시간적으로 일정 등을 앞으로 밀어놓는 행위로 나뉜다. 특정한 방향으로 모는 행위는 목동이 양떼를 뒤에서 자신이 원하는 방향으로 몰고 가는 모습을 연상시킨다. 이처럼 '몰다'가 차량의 운전석에 앉아 자신이 원하는 방향으로 차를 몰아가는 행위로 발전했다고 할 수 있을 것이다. 그리고 이것이 우리가 가장 보편적으로 알고 있는 'drive'의 의미이기도 하다. 차량과 관련한 의미는 더 확장하

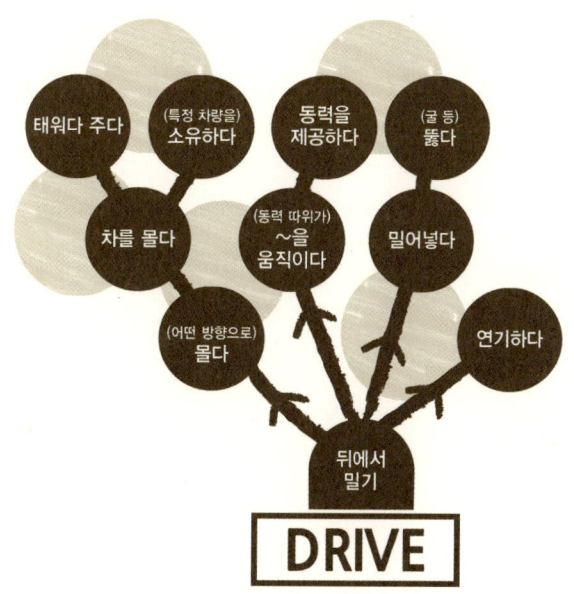

는데 차를 몰아서 다른 사람을 '태워다 주다'라는 개념과 차를 몰 수 있다는 것이 차를 소유하고 있다는 의미와 동일하게 쓰임으로써 '(특정한 종류의 차량을) 소유하다'라는 것이다.

'(동력으로 무언가를) 움직이다'라는 의미는 '동력을 제공하다'로 정리된다. 또 '밀어넣다'는 굴 안에 장비를 넣어 파고 들어가는 행위인 '굴을 뚫다'로 발전한다. 외적인 형태로 보면 운전기사와 드라이버 간에 아무런 관련이 없어 보이지만 이렇게 그 행위를 분석해보면 다양한 의미들 간의 연관성을 발견할 수 있다.

'coast'가 '누군가의 덕으로 쉽게 성공했다'는 뜻이라고?

전에 'The actor coasted to stardom on his father's name'이라는 문장을 읽고 해석이 되지 않아서 어려움을 겪은 적이 있다. 'coast'라는 단어는 자주 보았지만 그 포괄적인 의미를 알지 못했기 때문이다. 'coast'의 대표적인 뜻은 '해안'으로 알려져 있다. '해안'은 육지와 바다의 경계를 뜻하므로 바다 쪽 경계와 육지 쪽 경계 양쪽으로 의미가 확장한다. 바다 쪽에서 경계라 함은 배에 탄 사람의 입장이라서 '해안을 따라 항해하다'라고 쓸 수 있으며, 육지 쪽 관점에서는 육지에서 바다로 연결된 곳이 대체로 그렇듯이 '경사면'이란 뜻으로 이어진다. 가장 단순한 의미의 파생으로는 해안을 포함하는 일대를 '해안 지역'이라고 하는 것이다.

'경사면'은 썰매 등을 타고 '미끄러져 내려오다'라는 의미로 확장한

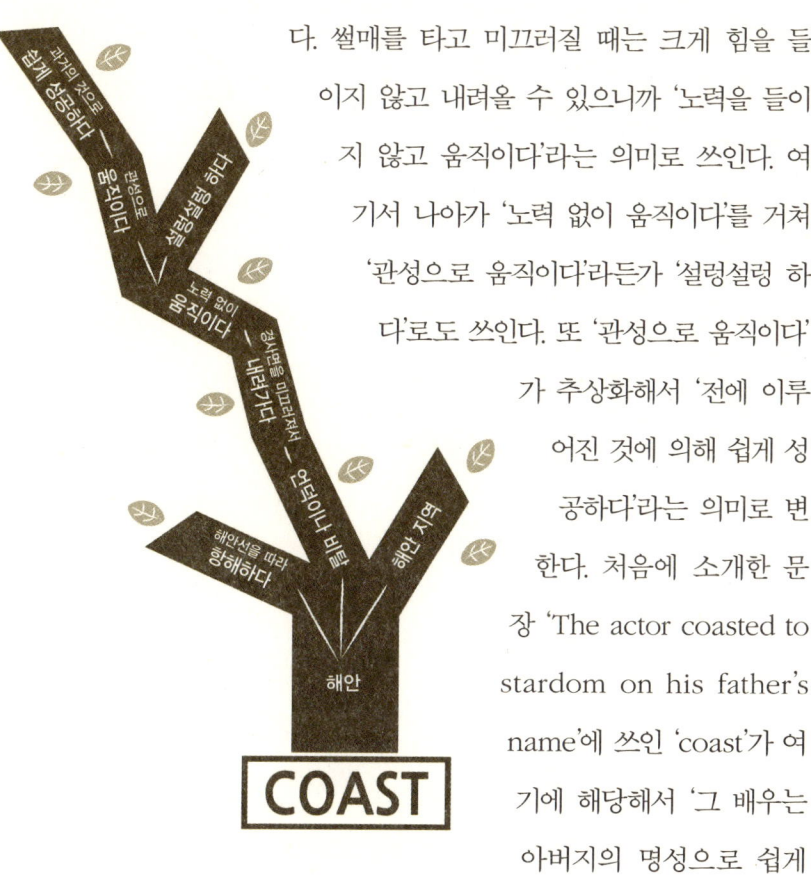

다. 썰매를 타고 미끄러질 때는 크게 힘을 들이지 않고 내려올 수 있으니까 '노력을 들이지 않고 움직이다'라는 의미로 쓰인다. 여기서 나아가 '노력 없이 움직이다'를 거쳐 '관성으로 움직이다'라든가 '설렁설렁 하다'로도 쓰인다. 또 '관성으로 움직이다'가 추상화해서 '전에 이루어진 것에 의해 쉽게 성공하다'라는 의미로 변한다. 처음에 소개한 문장 'The actor coasted to stardom on his father's name'에 쓰인 'coast'가 여기에 해당해서 '그 배우는 아버지의 명성으로 쉽게 스타덤에 올랐다'로 해석이 가능하다.

'solid'를 왜 가수 이름으로 썼을까?

90년대 가요계에서 폭넓게 활동한 인기 그룹 가운데 '솔리드'가 있다. 3인조 보컬 그룹으로 지금도 왕성한 활동을 하고 있는 김조한을 비롯해서 세 명의 가수가 랩과 노래와 퍼포먼스를 선보였다. 그런데 '솔리드'의 어원을 정확히 알지 못한 사람들은 왜 그룹 이름을 '솔리드'라고 했는지 의아하게 여겼을 것이다. 보통 사람들이 알고 있는 '솔리드'의 뜻은 '고체의'라거나 '단단한'이기 때문이다. 가수 이름을 '고체의'라고 하다니 얼마나 우스꽝스럽고 이상한가. 물론 '솔리드'는 그런 의미로 지은 이름이 아니다. '솔리드'에는 '고체의'라는 뜻 말고도 '속이 꽉 찬', '알찬' 그리고 '순수한'이라는 뜻도 있기 때문이다. 아마 그룹 '솔리드'도 이런 의미로 이름을 지었을 것이다. 또 어떤 글을 읽다 보니 'solid'를 사용한 용어로 'solid science'가 있었다. '단단한 과학'이라거나 '고체

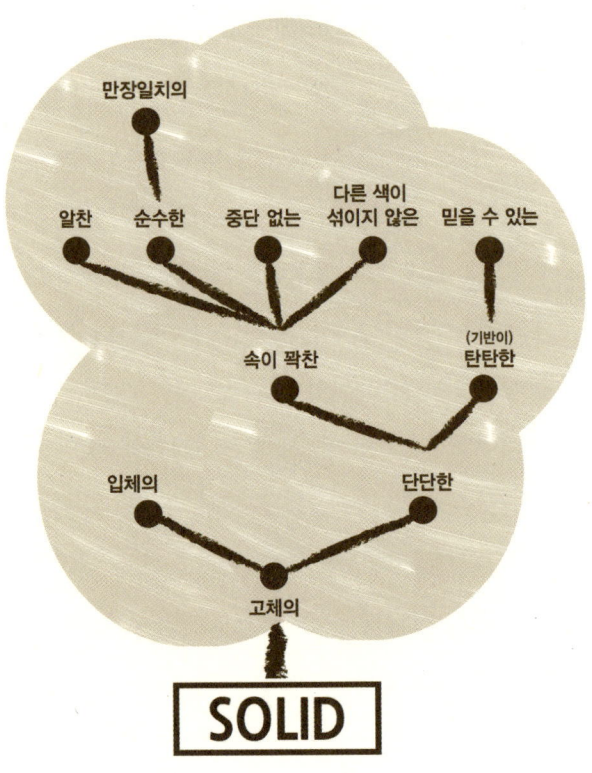

의 과학'이라는 뜻으로 사용했을 리는 없을 테고 의미를 유추하다 보니 '사이비 과학'이라는 뜻의 'pseudo science'와 대척 지점에 있는 표현이라는 것을 알 수 있었다. 즉, '믿을 수 있는 과학'이라는 뜻이다.

'solid'의 어원은 우리가 잘 아는 '고체의'에서 시작한다. 고체는 단단한 특성을 가지고 있으므로 단단하다. '단단하다'를 풀어서 생각하면 '속이 꽉 차 있다'와 연결되고 '속이 꽉 찬'을 추상적 개념으로 승화시키면 '알차다', '순수하다'로 이어진다. 이것은 또 '일관되며 중단이 없다'거나 '다른 색이 섞이지 않았다'는 의미가 된다. 다시 '단단한'으로 돌아가면 단단한 기반을 가지고 있다는 의미에서 '(기반이) 탄탄한'이라는 뜻으로 이어지고, 기반이 튼튼하니까 '믿을 수 있는'으로 연결된다. 결국 이런 흐름을 통해 'solid science'를 '믿을 수 있는 과학'이라는 뜻으로 사용했음을 알 수 있다.

'credit'은 어쩌다 '학점'이라는 뜻을 가지게 되었을까?

'credit'은 '(상대에 대한) 신용'이라는 뜻에서 출발한다. '신용'에서 분화해 상대가 빌려준 돈을 갚을 것이라는 믿음을 바탕으로 돈을 빌려주는 '융자', 은행과 거래할 때 믿고 돈을 맡기는 '입금' 그리고 사람들 간의 관계에서 믿음은 서로를 인정하는 데서 이루어진다는 측면에서 '인정'이라는 의미로 분화한다. 우리가 일반적으로 '신용카드'라 부르는 'credit card'도 '융자'의 개념에서 나왔다. 융자가 신용을 바탕으로 돈을 빌려주는 것이듯 'credit card' 역시 신용을 기반으로 돈을 미리 입금하지 않고도 결제하게 해주는 신용 거래의 산물이다. 실제로 해외에서 물건을 사고 결제를 할 때 'debit or credit?'이라고 하는데 돈이 입금되어 있는 통장을 기준으로 거래하는 우리의 '체크카드debit'와 '신용카드credit' 가운데서 어떤 결제 방법을 선택할 것인지를 묻는 것이다.

이런 배경을 기반으로 '융자'라는 의미는 '신용 거래'로 확장한다. 또한 계좌에 돈을 넣는 '입금'은 입금 뒤에 남아 있는 '계좌의 잔고'라는 의미로도 쓰인다. 은행이 아니라 대학의 관점에서는 신용의 대상이 졸업 가능한 '학점'이기에 교수가 학생들을 평가하고 그 수준을 매기는 '학점'을 'credit'이라고 한다. 또 '인정'이나 '칭찬'은 그 대상이 되는 '자랑거리'라는 의미가 되었다가 어떤 일에 대해 개인이나 단체의 '공으로 믿다'라는 의미로 확장한다. 공을 인정하려면 그 사람이 누구인지를 알아야 하므로 '이름을 언급하다'로 분화한 다음 '믿음'을 거쳐 '상대에게 가지는 믿음'이라는 의미로 파생해나간다.

'slip'은 어쩌다 '미끄러지다'와 '여성용 속옷'이란 뜻을 함께 가지게 되었을까?

'slip'의 어원은 '슬며시 빠르게 움직이다'라는 뜻이다. 이처럼 동작을 표현하는 범위에서 유사한 의미로서 '(옷 등을) 재빨리 입거나 벗다'라는 뜻을 함께 가지게 된다. 'She slipped into a dress'에서 'slip'은 바로 '재빨리 옷을 입었다'로 쓰였다. 이런 행동에 어울리는 여성용 속옷으로 탄생한 것이 곧 '슬립'이다. 그런가 하면 최근에 유행하는 신발인 '슬립온slip-on'도 비슷한 개념에서 나왔다고 할 수 있다. 묶는 끈이 달려 있지 않고 발이 미끄러지듯 쑥 들어갔다 나와 신고 벗기에 편리한

신발이라는 점에서 붙여진 이름이기 때문이다.

'슬며시 빠르게 움직이다'는 옷을 입고 벗는 동작뿐 아니라 '(어떤 존재가) 빠져나가다'와 '미끄러지다'라는 의미로 연결된다. '빠져나가다'나 '미끄러지다'는 'The kid slipped from his father's grasp'라는 문장에서 보듯이 '아이가 아빠의 손아귀를 빠져나갔다'고 하거나 'The book slipped off his knees'라는 문장에서 '책이 무릎에서 미끄러졌다'라고 하는 등 동작을 설명할 때 쓰인다. 또 '빠져나가다'가 추상적인 영역으로 옮겨가 '(기회 등이) 사라지다'와 '풀려나다' 같은 표현으로 분화한다. 'The sheep had slipped free and escaped'에서 'slip'은 양이 미끄러진 것이 아니라 '풀려서 도망쳤다'라는 뜻이다. 같은 관점에서 '(걱정 등에서) 해방되다'라는 뜻도 가진다.

'미끄러지다'는 미끄러지는 행위가 순간적인 실수에서 비롯하는 경우가 많으므로 '무심결에 실수하다'라는 뜻도 가진다. 'He often slips in his spelling'에서 'slip'이 바로 그런 의미로 쓰였다. 또 '미끄러지다'와 거의 유사한 의미로 '미끄러지듯 달리다'라고 할 때 'Slip through the waves'라고 표현한다. 미끄러질 때는 몸이 낮춰지기 때문에 '전락하다'로 파생해나가고, 이런 맥락에서 '(체력이나 건강 등이) 나빠지다'와 '(좋지 못한 상황에) 처하다'라는 의미를 가지게 된다. 'prices have slipped'라고 하면 '가격이 떨어졌다'라는 뜻이다. 끝으로 '슬며시 빠르게 움직이다'라는 어원은 '(슬며시) 넣다'라는 의미로 분화했다가 '슬며시 넣는' 대상으로 가장 잘 어울리는 '쪽지'를 의미하게 된다.

'mask'는 '얼굴' 말고도 많은 것을 뜻한다

'mask'의 어원은 얼굴을 가리거나 보호하기 위한 '가면'이나 '복면'이라는 뜻을 가지고 있다. 'The robbers are wearing masks'에서 'mask'는 강도가 쓰고 있는 '복면'이라는 뜻이다. 얼굴에 쓰는 것에 다른 얼굴이 그려져 있다면 '가면'이라고 한다. 'The kid wears a tiger mask'에서 'mask'는 '(호랑이가 그려진) 가면'을 뜻한다. 이외에도 'mask'는 가면 뒤에 실제로 존재하는 '얼굴' 그리고 얼굴 위에 붙이

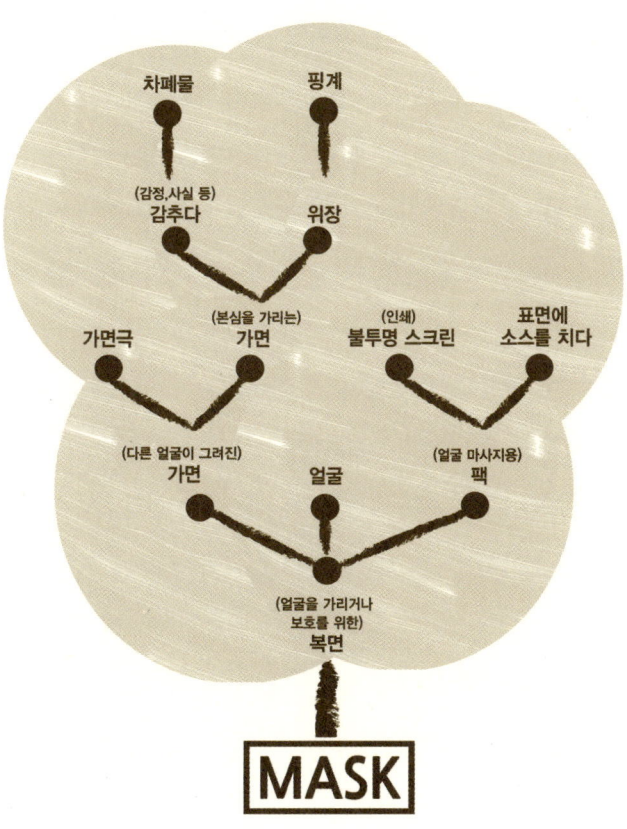

는 '마사지용 팩face mask'으로 의미가 분화한다. 'mask'는 '마스크'라는 한글 표기로도 흔히 쓰이는데 우리나라 사람들은 화장품 가게에 가서 '마스크 팩'을 구매하기도 하고, 얼굴이 잘생겼거나 인상이 좋은 사람에게 '마스크가 좋다'고 말하기도 한다.

'가면'은 가면을 쓰고 하는 연극을 뜻하는 '가면극'으로 연결되며 추상적인 개념으로 넘어가면 사람의 '(본심을 가리는) 가면'이라는 표현으로도 쓰인다. 이런 관점에서 'Her kindness is a mask for hatred'라는 문장은 '그녀의 친절은 증오를 감추려는 가면이다'라고 해석할 수 있다. 이렇게 가면의 속성이 무언가를 감추고 있다는 점에서 '감추다'라는 뜻도 가진다. 'Mask one's real character'에서 'mask'는 '본성을 감추다'라는 의미다. 무언가를 감추고 숨긴다는 것은 대상을 숨기는 것인 '차폐물'이라는 의미로 이어진다. 가리기 위한 기술에 해당하는 '위장' 역시 'mask'가 가지는 또 하나의 의미로서 'under the mask of'라는 구절에서 'mask'는 위장한 이유, 즉 '핑계'라는 뜻이 된다. '얼굴 마사지용 팩'은 불투명하게 가려진 상태라는 점에서 '(인쇄에서) 불투명 스크린'이라는 의미로 분화하며, 마스크가 얼굴 표면을 가린다는 의미에서 '표면에 소스를 치다'라는 개념으로 확장한다.

'profile'? '프로파일러'?

요즘 범죄나 수사 드라마에 심심치 않게 '프로파일러'라는 직업이 등장한다. '프로파일러'는 영어로 'profiler'이며 우리말로 옮기면 '범죄심

리분석관'이다. 우리는 평소 어떤 사람에 대해 알고 싶을 때 '프로필을 알려 달라'는 말을 하곤 하는데 '프로파일러'와 '프로필'에 사람을 묘사한다는 공통점이 들어 있다는 사실을 눈치 챘을 것이다.

'profile'의 어원은 어떤 것의 '외형이나 윤곽'이라는 뜻이다. 순수하게 '외형이나 윤곽'이라는 의미로 쓰인 영어 문장을 찾아보면 'The profile of the building against the sky'에서처럼 'profile'은 '건물의 윤곽'을 나타낸다. 이 '윤곽'을 사람에게 적용하면 '얼굴 윤곽'이 된다. 'He has a handsome profile'은 '그 남자의 옆얼굴 윤곽이 잘생겼다', 즉 '옆얼굴이 잘 생겼다'라는 뜻이다. 물론 사람 말고 사물의 외관이나

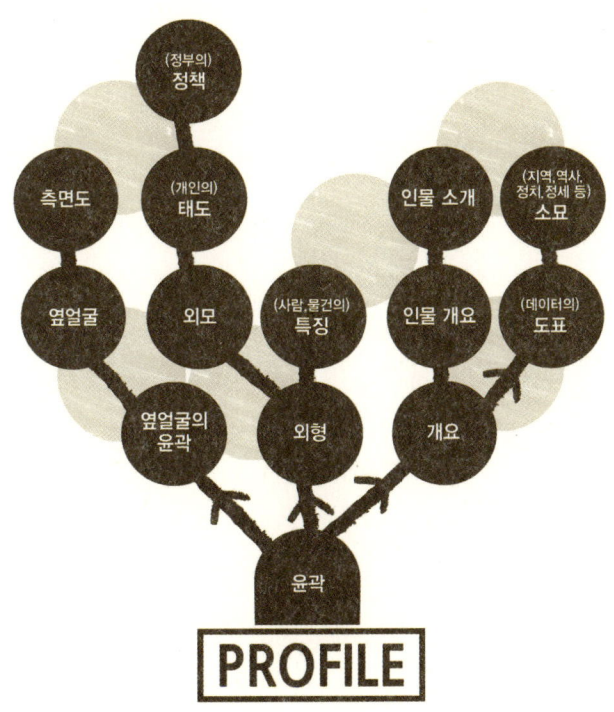

특징을 거론할 때도 쓰인다. 'Cars with a modern profile'이라고 하면 '차량의 외관이 현대적이다'라는 뜻이다. 일에서도 'profile'을 사용할 수 있는데 '업무 개요'를 영어로 'job profile'이라고 한다.

'옆얼굴의 윤곽'은 '옆모습'으로, '옆모습'은 건축 분야에서 쓰이는 '종단면도' 또는 '측면도'라는 의미로 확장한다. 'a picture of the lady in profile'에서 'profile'은 '옆모습'을 뜻한다. '외형'이라는 의미는 '사람이나 물건의 특징'이라는 뜻으로 확장하는데 'a profile of a typical allergy sufferer'를 우리말로 옮기면 '전형적인 알레르기 환자의 특징'이라고 할 수 있다. '특징'은 다시 각 사람마다 보이는 특징인 '개인의 태도'와 정부가 가지는 특징인 '(정부의) 정책'이라는 의미로 나아간다. 마지막 의미가지인 '개요'는 사람을 묘사한다는 관점에서 '인물의 개요'가 된다. 따라서 'profile of the new president'라고 하면 '새 대통령의 인물 개요'라고 해석할 수 있다. 이 밖에도 '개요'의 특성상 상태를 묘사하고 설명한다는 점에서 지역, 역사, 정치, 정세 등의 '스케치' 또는 '도표'라는 의미도 가지고 있다.

'EAT'는 '먹다'가 아니다

초판 1쇄 발행 2016년 4월 29일

지은이   김진수·문재승
발행인   김병주
CFO   이기택
기획   최윤서
편집   김미영
디자인   신미연
의미나무 그림 이수민
마케팅   장은화, 김수경
펴낸곳   (주)에듀니티(www.eduniety.net)
도서문의 070-4334-2196
일원화구입처 031-407-6368 (주)태양서적
등록   2009년 1월 6일 제300-2011-51호
주소   서울시 종로구 수송동 삼봉로 57 호수빌딩 4층
ISBN   979-11-85992-19-8(13740)
값   12,000원

이 책은 저작권법에 따라 한국 내에서 보호를 받는 저작물이므로 무단 전재 및 복제를 금합니다.
이 책의 국립중앙도서관 출판시도서목록(CIP)은 www.nl.go.kr/ecip에서 이용하실 수 있습니다.